CHRISTOPH VOGEL (HG.)

Sei mutig und stark!

CHRISTOPH VOGEL (HG.)

Sei mutig und stark!

Warum die Taufe guttut

edition chrismon

DR. CHRISTOPH VOGEL
geboren 1966, Gemeindepfarrer, Klinikseelsorger, Referent des EKD-Ratsvorsitzenden, ist nun verantwortlich für die Ausbildung von Pfarrerinnen und Pfarrern in der EKBO.

Bibliografische Information der Deutschen Nationalbibliothek.
Die Deutsche Nationalbibliothek verzeichnet diese Publikation in der Deutschen Nationalbibliografie; detaillierte bibliografische Daten sind im Internet über http://dnb.d-nb.de abrufbar.

REDAKTIONELLE MITARBEIT Miriam Stude

ILLUSTRATIONEN Larissa Bertonasco

GESTALTUNG UND UMSETZUNG Kristin Kamprad, Hansisches Druck- und Verlagshaus GmbH

DRUCK UND BINDUNG DZA Druckerei zu Altenburg GmbH

Printed in Germany
ISBN 978-3-86921-064-3

SEI MUTIG UND STARK!

Inhaltsverzeichnis

11 *Vorwort des Herausgebers*

aufgehoben fühlen – staunen und danken

WILHELM HEY
16 *Weißt du, wie viel Sternlein stehen?*

BASILIUS VON CÄSEREA
18 *Zeit der Taufe*

RUDOLF PRESBER
19 *Erinnerung*

PSALM 139
21 *Von allen Seiten umgibst du mich*

THOMAS MANN
23 *Taufe in der Breiten Straße*

JESAJA
27 *Fürchte dich nicht*

KURT MARTI
28 *geburt*

GERHARD EBELING
30 *Einmalige Wende*

MARTIN LUTHER
31 *Eine sehr große Sünderin*

THOMAS VON KEMPEN
32 *Der Tau des Himmels*

MATTHIAS CLAUDIUS
33 *Gottlob*

LUDWIG HELMBOLD
34 *Nun lasst uns Gott dem Herren*

MARTIN LUTHER
36 *Wie reich ein Christ ist*

KARL BARTH
40 *Vertrauen erlaubt und geboten*

FRIEDRICH CHRISTIAN DELIUS
43 *Und im Laufen nicht hält innen*

ÖKUMENISCHER RAT DER KIRCHEN
46 *Taufe und die wahre Kirche*

EPHESER
48 *Ein Herr, ein Glaube, eine Taufe*

JOHANN JAKOB RAMBACH
49 *Ich bin getauft auf deinen Namen*

genügen? – zweifeln und feiern

HANNS DIETER HÜSCH
52 *Psalm*

OLAF TRENN
54 *Meine Quellen liegen oben in den Bergen*

JOHANN GOTTFRIED HERDER
56 *Ein Traum, ein Traum ist unser Leben*

DIETRICH BONHOEFFER
57 *Es wird eine neue Sprache sein*

JOHANN ARND
60 *Das eingepfropfte Reißlein*

LOTHAR ZENETTI
61 *Flög ich dem Morgenrot nach*

AURELIUS AUGUSTINUS
63 *Weshalb wurde meine Taufe verschoben?*

HERMANN BOTE
66 *Eulenspiegel*

MARTIN LUTHER
68 *Wasser tut's freilich nicht*

TERTULLIAN
70 *Eine Lobrede auf das Wasser*

PSALM 8
73 *Was ist der Mensch?*

FJODR MICHAIL DOSTOJEWSKI
75 *Wir sind nur aus Leichtsinn ungläubig*

EDMUND SCHLINK
82 *Der Eingriff Gottes*

PSALM 103
83 *Lobe den Herrn, meine Seele*

gelassen leben – bitten und wagen

KURT TUCHOLSKY
86 *An das Baby*

FRIEDRICH KARL BARTH / PETER HORST
88 *Kind, du bist uns anvertraut*

RAINER MARIA RILKE
90 *Gott spricht zu jedem nur, eh er ihn macht*

JOHANNES VOM KREUZ
92 *Lebendige Liebesflamme*

BASILIUS VON CÄSEREA
93 *Der schlaue Vogel*

FRIEDRICH RÜCKERT
95 *Gar viele Wege gehen zu Gott*

PSALM 91
96 *Der Schirm des Hochsten*

PAUL ERNST
98 *Die Taufe*

PSALM 23
103 *Auf einer grünen Aue*

THERESE VON LISIEUX
104 *Ob sie in den Himmel kommt?*

KURT MARTI
105 *kindertaufen*

PAUL GERHARDT
106 *Breit aus die Flügel beide*

LUDWIG TIECK
107 *Tod des Dichters*

ALBRECHT GOES
111 *Die Schritte*

HANNS-JOSEF ORTHEIL
112 *Lo und Lu*

FULBERT STEFFENSKY
119 *Der wundervolle Tanz*

HANNS KÖBLER
121 *Ich möcht', dass einer mit mir geht*

123 *Anmerkungen und Textnachweise*

CHRISTOPH VOGEL

Vorwort

Kalt ist die Kirche. Der Winter steckt noch im Gebälk, draußen blüht es bereits. Es ist Sonntagmorgen; ein Taufgottesdienst steht an. Die Gemeinde ist in fröhlicher Stimmung. Die einen freuen sich über ein neues Glied in der Kirche Jesu Christi, andere sind Gott dankbar für die Geburt eines gesunden Kindes. Alle gemeinsam wollen sie den Lebensweg des Kindes der Güte Gottes anvertrauen.

Sie sind nun auf dem Weg zum Taufstein: Voran geht der Pfarrer, dann die Eltern und die Paten; die Mutter trägt das Kind im Arm.

Mit einem Mal stoppt der Pfarrer die kleine Prozession. „Im Taufbecken dampft es!", flüstert er dem Vater zu. Und tatsächlich: Deutlich sind Rauchschwaden sichtbar, die sich von der Wasseroberfläche in den Kirchenraum heben und ins Kirchendach hinein dem Blick entschwinden.

Bibelkundige in der Gemeinde mögen jetzt vielleicht an den Geist denken, der nach der Schöpfungserzählung über dem wüsten und leeren Wasser vor der Erschaffung der Welt schwebte: Wie damals vor der Erschaffung der Welt, so schwebt auch jetzt über dem Beginn eines neuen Lebens Gottes Geist, bereit, es zu erfüllen.

Andere mögen magische Assoziationen haben und innere Bilder von Gestalten sich einstellen, die erscheinen oder in der Unsichtbarkeit verschwinden wie Engel. Welche Mächte wirken hier? Ist es Gottes gute Macht, die jetzt am Werke ist?

„Taufen Sie ihn!", raunt der Vater dem Pfarrer zu. Die Sorge des Pfarrers vor zu heißem Wasser im Taufbecken erweist sich denn zum Glück auch als unbegründet: In der Kälte der Dorfkirche reicht das gut erwärmte Wasser, um Dampfwolken in den Kirchenraum zu zaubern.

Dem Kind tut die Temperatur des Wassers sichtlich gut. Es genießt die Taufe regelrecht. Doch selten haben Gedanken zur Taufe einen so sinnbildlichen Ausdruck gefunden wie an diesem Frühlingssonntag in einer Brandenburger Dorfkirche.

Dabei tut es gut, der Taufe nachzusinnen. Und es ist gut, eigenen Fragen zur Bedeutung der Taufe nachzugehen, dazu in Texten zu stöbern, die je für sich Spuren hin zum Geheimnis der Taufe folgen. Denn die Wirkung und die Kraft der Taufe öffnen sich dem, der sich ihr öffnet. Ja, es ist gut, sich taufen zu lassen, für den, der da glaubt; es ist gut danach zu fragen, was die eigene Taufe – vollzogen möglicherweise in nicht erinnerbaren Kindertagen – in das eigene Leben einträgt.

Die Taufe ist der stärkste Grund dafür, dass Menschen gelassen leben können. Gott geleitet sie. Das gibt Gewissheit. Die Taufe ist Entscheidung gegen Gleichgültigkeit. Sie lässt Wagemut zu einer christlichen Tugend werden – und gar das Wagnis eingehen, zu Gott zu beten, von ihm etwas für andere zu erbitten und ihm das eigene Leben anheimzustellen. Gottes Segen ist in ihren Lebensweg eingezeichnet. „Sei mutig und stark!", hoffnungsstark und wagemutig!

Berlin, im Frühjahr 2011

Christoph Vogel

SEI MUTIG UND STARK!

aufgehoben fühlen – staunen und danken

WILHELM HEY, 1789-1854

Weißt du, wie viel Sternlein stehen?

Weißt du, wie viel Sternlein stehen
an dem blauen Himmelszelt?
Weißt du, wie viel Wolken gehen
weithin über alle Welt?
Gott der Herr hat sie gezählet,
dass ihm auch nicht eines fehlet,
an der ganzen großen Zahl,
an der ganzen großen Zahl.

Weißt du, wie viel Mücklein spielen
in der heißen Sonnenglut,
wie viel Fischlein auch sich kühlen
in der hellen Wasserflut?
Gott der Herr rief sie mit Namen,
dass sie all ins Leben kamen,
dass sie nun so fröhlich sind,
dass sie nun so fröhlich sind.

Weißt du, wie viel Kinder frühe
stehn aus ihrem Bettlein auf,
dass sie ohne Sorg und Mühe
fröhlich sind im Tageslauf?
Gott im Himmel hat an allen
seine Lust, sein Wohlgefallen,
kennt auch dich und hat dich lieb,
kennt auch dich und hat dich lieb.

BASILIUS VON CÄSEREA, UM 330-379

Zeit der Taufe

Alles und jedes Ding hat also seine Zeit: Der Schlaf hat seine Zeit, und das Wachen hat seine Zeit; der Krieg hat seine Zeit, und der Friede hat die seinige. Die Zeit für die Taufe aber ist das ganze Leben. Wie der Körper nicht leben kann, ohne zu atmen, so kann die Seele nicht bestehen ohne Kenntnis des Schöpfers. Denn Gott nicht kennen, ist der Tod der Seele; und wer nicht getauft ist, ist auch nicht erleuchtet. Ohne Licht kann aber das Auge die Gegenstände nicht wahrnehmen und die Seele Gott nicht schauen.

RUDOLF PRESBER, 1867–1935

Erinnerung

Der Abend kam. Die Schatten fielen.
Rings an den Fenstern ward es hell.
Die Kleine, müd' von Lauf und Spielen,
Lag mir am Fuß im Bärenfell.
Die nackten Beinchen hochgezogen,
Hielt sie in kleiner Hand den Stift
Und füllte meinen schönsten Bogen
Mit Häkchen einer Runenschrift.
Rings war's so still, wie zum Gebete;
Der ems'ge Stift nur raschelt leis …
Es schrieb kein Dichter und Prophete
Sein Weisheitsbuch mit größrem Fleiß!

Da plötzlich schmeichelnd mit den lieben
Äuglein mein Kindchen zu mir schlich:
„Weißt du, Papa, was ich geschrieben?“ –
„Ein Briefchen?“ – „Ja.“ – „An wen?“ –
„An dich!“
„Goldkind, an mich? Was steht darinnen?
Der Abend macht die Augen trüb …“
Und sie nach lächelndem Besinnen:
„Dass ich dich lieb hab’, furchtbar lieb!“
Es floss ein letzter Sonnenschimmer
Ums Köpfchen ihr mit goldnem Hauch –
„Das schreibst du mir im selben Zimmer?
Sag’s mir doch laut, dann weiß ich’s auch.“
Da sah mich an das kleine Wesen
Und reicht das Blatt mir lächelnd hin:
„Behalt’s, Papa, dann kannst du’s lesen,
Wenn ich mal nicht im Zimmer bin …“
… O bittres Wort aus lieben Zeiten,
Das du der Sehnsucht Flügel leihst! …

PSALM 139

Von allen Seiten umgibst du mich

Ein Psalm Davids, vorzusingen. HERR, du erforschest mich und kennest mich.

Ich sitze oder stehe auf, so weißt du es; du verstehst meine Gedanken von ferne.

Ich gehe oder liege, so bist du um mich und siehst alle meine Wege.

Denn siehe, es ist kein Wort auf meiner Zunge, das du, HERR, nicht schon wüsstest.

Von allen Seiten umgibst du mich und hältst deine Hand über mir.

Diese Erkenntnis ist mir zu wunderbar und zu hoch, ich kann sie nicht begreifen.

Wohin soll ich gehen vor deinem Geist, und wohin soll ich fliehen vor deinem Angesicht?
Führe ich gen Himmel, so bist du da; bettete ich mich bei den Toten, siehe, so bist du auch da.
Nähme ich Flügel der Morgenröte und bliebe am äußersten Meer,
so würde auch dort deine Hand mich führen und deine Rechte mich halten.
Spräche ich: Finsternis möge mich decken und Nacht statt Licht um mich sein –,
so wäre auch Finsternis nicht finster bei dir, und die Nacht leuchtete wie der Tag. Finsternis ist wie das Licht.
Denn du hast meine Nieren bereitet und hast mich gebildet im Mutterleibe.
Ich danke dir dafür, dass ich wunderbar gemacht bin; wunderbar sind deine Werke; das erkennt meine Seele.
Es war dir mein Gebein nicht verborgen, als ich im Verborgenen gemacht wurde, als ich gebildet wurde unten in der Erde.
Deine Augen sahen mich, als ich noch nicht bereitet war, und alle Tage waren in dein Buch geschrieben, die noch werden sollten und von denen keiner da war.
Erforsche mich, Gott, und erkenne mein Herz; prüfe mich und erkenne, wie ich's meine.
Und sieh, ob ich auf bösem Wege bin, und leite mich auf ewigem Wege.

THOMAS MANN, 1875–1955

Taufe in der Breiten Straße

Taufe!… Taufe in der Breiten Straße!

Alles ist vorhanden, was Madame Permaneder in Tagen der Hoffnung träumend vor Augen sah, alles: Denn im Esszimmer am Tische – behutsam und ohne Geklapper, das drüben im Saale die Feier stören würde – füllt das Folgmadchen Schlagsahne in viele Tassen mit kochend heißer Schokolade, die dicht gedrängt auf einem ungeheuren runden Teebrett mit vergoldeten, muschelförmigen Griffen beieinander stehen… während der Diener Anton einen ragenden Baumkuchen in Stücke schneidet und Mamsell Jungmann Konfekt und frische Blumen in silbernen Dessertschüsseln ordnet, wobei sie prüfend den Kopf auf die

Schulter legt und die beiden kleinen Finger weit von den übrigen entfernt hält...

Nicht lange, und alle diese Herrlichkeiten werden, wenn die Herrschaften sich's im Wohnzimmer und Salon bequem gemacht haben, unhergereicht werden, und hoffentlich werden sie ausreichen, denn es ist die Familie im weiteren Sinne versammelt, wenn auch nicht geradezu im weitesten, denn durch die Oeverdiecks ist man auch mit den Kistenmakers ein wenig verwandt, durch diese mit den Möllendorpfs und so fort. Es wäre unmöglich, eine Grenze zu ziehen...

Denn dort im Saale, vor einem als Altar verkleideten, mit Blumen geschmückten Tischchen, hinter dem in schwarzem Ornat und schneeweißer, gestärkter, mühlsteinartiger Halskrause ein junger Geistlicher spricht, hält eine reich in Rot und Gold gekleidete, große, stämmige, sorgfältig genährte Person ein kleines, unter Spitzen und Atlasschleifen verschwindendes Etwas auf ihren schwellenden Armen... ein Erbe! Ein Stammhalter! Ein Buddenbrook! Begreift man, was das bedeutet?

Begreift man das stille Entzücken, mit dem die Kunde, als das erste, leise, ahnende Wort gefallen, von der Breiten in die Mengstraße getragen worden? Den stummen Enthusiasmus, mit dem Frau Permaneder bei dieser Nachricht ihre Mutter, ihren Bruder und – behutsamer – ihre Schwägerin umarmt hat? Und nun, da der Frühling gekommen, der Frühling des Jahres 61, nun ist er da und empfängt das Sakrament der heiligen Taufe, er, auf dem längst so viele Hoffnungen ruhen, von dem längst so viel gesprochen, der seit langen Jahren erwartet, ersehnt worden, den man von Gott erbeten und um den man Doktor Grabow gequält hat … er ist da und sieht ganz unscheinbar aus.

Die kleinen Hände spielen mit den Goldlitzen an der Taille der Amme, und der Kopf, der mit einem hellblau garnierten Spitzenhäubchen bedeckt ist, liegt ein wenig seitwärts und unachtsam vom Pastor abgewandt auf dem Kissen, so dass die Augen mit einem beinahe altklug prüfenden Blinzeln in den Saal hinein und auf die Verwandten blicken. In diesen Augen, deren obere Lider sehr lange Wimpern haben, ist das Hellblau der väterlichen und das Braun der mütterlichen Iris zu einem lichten, unbestimmten, nach der Beleuchtung wechselnden Goldbraun geworden; die Winkel aber zu beiden Seiten der Nasenwurzel sind tief und liegen in bläulichen Schatten. Das gibt diesem Gesichtchen, das noch kaum eines ist, etwas vorzeitig Charakteristisches und kleidet ein vier Wochen altes nicht zum besten; aber Gott wird geben, dass es nichts Ungünstiges bedeutet, denn auch bei der Mutter, die doch wohlauf ist, verhält es sich so … und gleichviel: er lebt, und dass es ein Knabe ist, das war vor vier Wochen die eigentliche Freude …

Und nun sprengt, während die Amme die Haube des Kindes lüftet, der Pastor vorsichtig zwei oder drei Tropfen aus der silbernen, innen vergoldeten Schale, die vor ihm steht, auf das spärliche Haar des kleinen Buddenbrook und nennt langsam und nachdrücklich die Namen, auf die er ihn tauft: – Justus, Johann, Kaspar. Dann folgt ein kurzes Gebet, und die Verwandten gehen vorbei, um dem stillen und gleichmütigen Wesen einen glückwünschenden Kuß auf die Stirn zu drücken…

JESAJA

Fürchte dich nicht

Fürchte dich nicht, denn ich habe dich erlöst;
ich habe dich bei deinem Namen gerufen; du bist mein!

KURT MARTI, *1921

geburt

ich wurde nicht gefragt
bei meiner zeugung
und die mich zeugten
wurden auch nicht gefragt
bei ihrer zeugung
niemand wurde gefragt
ausser dem Einen

und der sagte
ja

ich wurde nicht gefragt
bei meiner geburt
und die mich gebar
wurde auch nicht gefragt
bei ihrer geburt
niemand wurde gefragt
ausser dem Einen

und der sagte
ja

GERHARD EBELING, 1921–2001

Einmalige Wende

Der Taufe fällt die Funktion zu, das Leben des Menschen unauslöschlich als zu Jesus Christus gehörend zu kennzeichnen. Im Unterschied zu den vielen sonstigen religiösen Taufriten ist sie nach einhelligem christlichem Verständnis für den, an dem sie vollzogen wird, schlechterdings einmalig. Sie kann nicht wiederholt werden… Im Sakrament der Taufe hat die Christenheit ein in seiner Schlichtheit ungemein eindrückliches Zeichen für die Einmaligkeit der Wende, die mit der Zugehörigkeit zu Christus, mit der Einverleibung in ihn eintritt.

MARTIN LUTHER, 1483–1546

Eine sehr große Sünderin

Der Doktor [Martin Luther] fragte seine Frau, ob sie wohl auch glaube, dass sie heilig sei. Die erwiderte verwundert: Wie kann ich heilig sein, die ich doch eine sehr große Sünderin bin?… Dann wandte er sich an sie und sagte: Glaubst du, dass du getauft und eine Christin bist? Dann glaube, dass du auch heilig bist! Denn so groß ist die Kraft der Taufe, das sie die Sünden verwandelt: nicht, dass sie nicht mehr da sind, sondern so, dass sie nicht mehr verdammen. So groß ist die Wirkung der Taufe, dass sie alle Anfechtungen fortschafft und uns beilegt, dass wir heilig sind.

THOMAS VON KEMPEN, UM 1380–1471

Der Tau des Himmels

Sende dein Licht und deine Wahrheit herab, und lass sie auf Erden leuchten, denn ich bin ein finsteres Land, wüst und leer, bis du mich erleuchtest! Gieß die Ströme deiner Gnade aus; schütte den Tau des Himmels auf mein Herz; die heilige Träne der Andacht tränke dies Erdreich, dass es gute, dass es die besten Früchte bringe. Erhebe mein Gemüt, das von der Last der Sünden niedergedrückt ist, richte mein ganzes Verlangen zu den himmlischen Gütern empor und befestige es in dieser Richtung, damit ich die Seligkeit, die da droben zu Hause ist, verkosten und im Vorgeschmack des Himmlischen das Irdische für nichts achten kann.

MATTHIAS CLAUDIUS, 1740-1815

Gottlob

gottlob,
dass du da bist

da bist du
sei uns willkommen
es steht dir nicht
auf der stirn geschrieben
was in dieser welt
über dich
verhängt ist
und ich weiß nicht
wie es dir gehn wird

aber gottlob,
dass du da bist

LUDWIG HELMBOLD, 1532–1598

Nun lasst uns Gott dem Herren

Nun lasst uns Gott dem Herren
Dank sagen und ihn ehren
für alle seine Gaben,
die wir empfangen haben.

Den Leib, die Seel, das Leben
hat er allein uns geben;
dieselben zu bewahren,
tut er nie etwas sparen.

Ein Arzt ist uns gegeben,
der selber ist das Leben;
Christus, für uns gestorben,
der hat das Heil erworben.

Sein Wort, sein Tauf, sein Nachtmahl
dient wider alles Unheil;
der Heilig Geist im Glauben
lehrt uns darauf vertrauen.

Durch ihn ist uns vergeben
die Sünd, geschenkt das Leben.
Im Himmel solln wir haben,
o Gott, wie große Gaben!

MARTIN LUTHER, 1483–1546

Wie reich ein Christ ist

Das erste, was bei der Taufe beachtet werden muss, ist die göttliche Verheißung, die sagt (Mark. 16,16): ‚Wer da glaubet und getauft wird, der wird selig werden.' Diese Verheißung muss durchaus aller Pracht der Werke, Gelübde, Klosterregeln und allem, was von Menschen eingeführt ist, vorgezogen werden. Denn an dieser Verheißung hängt unsere ganze Seligkeit. Aber man muss sie so beachten, dass wir den Glauben an ihr üben und ganz und gar nicht zweifeln, dass wir selig sind, nachdem wir getauft sind. Denn wo ein solcher Glaube nicht da ist oder erlangt wird, da hilft die Taufe nicht, sondern sie schadet vielmehr, und zwar nicht allein dann, wenn man sie empfängt, sondern auch danach das ganze Leben hindurch.

Denn ein solcher Unglaube straft die göttliche Verheißung Lügen, was die größte Sünde überhaupt ist. Wenn wir an diese Übung des Glaubens gehen, werden wir bald einsehen, wie schwer es ist, dieser göttlichen Verheißung zu glauben. Denn die menschliche Schwachheit, die sich ihrer Sünden bewusst ist, glaubt am allerschwersten, dass sie selig ist oder (doch wenigstens) selig werden solle. Dennoch kann nicht selig werden, wer das nicht glaubt, denn er glaubt der göttlichen Wahrheit nicht, welche die Seligkeit verheißt.

Diese Predigt hätte man dem Volk emsig einprägen, diese Verheißung ihm ohne Unterlass vortragen, an die Taufe stets erinnern, den Glauben ständig erwecken und erhalten sollen. Denn wie die Wahrheit dieser göttlichen Verheißung, wenn sie einmal über uns ausgesprochen worden ist, bis in den Tod andauert, so soll auch unser Glaube an sie niemals aufhören, sondern bis in den Tod erhalten und gestärkt werden durch die ständige Erinnerung an diese Verheißung; die uns in der Taufe gemacht ist. Wenn wir darum von Sünden aufstehen oder Buße tun, so tun wir nichts anderes, als dass wir zu der Kraft und dem Glauben der Taufe, daraus wir gefallen sind, umkehren und wieder zu der damals gemachten Verheißung kommen, die wir durch die Sünde verlassen hatten. Denn die Wahrheit der einmal geschehenen Verheißung bleibt allezeit bestehen, die uns mit ausgestreckten Händen aufnehmen will, wenn wir umkehren. Und das ists – wenn ich mich nicht täusche – was die wollen, die etwas dunkel sagen, die

Taufe sei das erste und das Fundament aller Sakramente, ohne das kein anderes erlangt werden könnte.

Darum wird es sehr dienlich sein, wenn der, der da Buße tut, vor allen Dingen sich seiner Taufe und der göttlichen Verheißung erinnert, die er verlassen hat und ihrer mit Zuversicht gedenkt, sie dem Herrn bekennt und sich freut, dass er noch so viel Hilfe zu seiner Seligkeit habe, dass er getauft ist, und seine gottlose Undankbarkeit verwünscht, dass er von dem Glauben und dem Vertrauen darauf abgefallen ist. Denn sein Herz wird wunderbar gestärkt und zur Hoffnung auf Barmherzigkeit ermuntert, wenn er bedenkt, dass die ihm geschehene göttliche Verheißung, die unmöglich lügen kann, dass sie noch unversehrt und unverändert ist und auch durch keine Sünde verändert werden kann, wie Paulus sagt, 2. Tim. 2,13: ‚Glauben wir nicht, so bleibt er treu; er kann sich selbst nicht verleugnen.' Diese Wahrheit Gottes, sage ich, wird ihn so erhalten, dass, wenn schon alles andere dahinfiele, diese Verheißung – vorausgesetzt, dass er an sie glaubt – ihn doch nicht verlassen wird. Denn er hat durch sie etwas dem Feind, der auf ihn losstürmt, entgegenzusetzen. Er hat etwas, was er den Sünden entgegenstellen kann, die sein Gewissen beunruhigen. Er hat etwas, womit er dem Schrecken des Todes und des Gerichts begegnen kann. Er hat schließlich, was ihm ein Trost in allen Anfechtungen sein kann, nämlich diese eine Wahrheit, dass er sagt: Gott ist wahrhaftig in seinen Verheißungen (Ps. 33,4). Sein Zeichen habe ich in der Taufe empfangen. ‚Ist nun Gott für mich, wer mag wider mich sein?' (Röm. 8,31)…

So siehst du, wie reich ein Christ, d.h. ein Getaufter ist, der, selbst wenn er schon wollte, seine Seligkeit auch durch die größten Sünden nicht verlieren kann, es sei denn, er wolle nicht glauben. Denn keine Sünde kann ihn verdammen außer dem Unglauben allein. Alle anderen Sünden werden, wenn der Glaube wiederkommt oder auf der göttlichen Verheißung besteht, die ihm in der Taufe widerfahren ist, in einem Augenblick durch denselben Glauben, ja durch die Wahrheit Gottes verschlungen. Denn Gott kann sich selbst nicht verleugnen, wenn du ihn bekennst und an ihm, der es verheißen hat, mit festem Vertrauen hängst.

KARL BARTH, 1886–1968

Vertrauen erlaubt und geboten

Die christliche Gemeinde erbaut sich … darauf, dass ihr … Vertrauen erlaubt und geboten ist: das gegenseitige Vertrauen, in welchem Einer den Anderen erkennt und anerkennt als Bruder, der zu ihr gehört, und auch das Vertrauen, dass ein Jeder zu sich selbst zu fassen hat, um freudig und getrost dabei zu sein. In diesem ihr erlaubten und gebotenen Vertrauen versammelt sich die Gemeinde zum Gottesdienst. Wie wären ihre Glieder miteinander und mit sich selbst dran, wenn sie es nicht hätten, oder wenn sie es sich, gegründet auf das, was sie übereinander und über sich selbst zu wissen meinen, eigenmächtig genommen hätten? Sie würden dann wohl nur, eben zusammengekommen, wieder auseinandergehen können.

Sie haben aber dieses Vertrauen und es ist gerade nicht ein solches, das bloß auf ihr Meinen voneinander und von sich selbst gegründet wäre. Obwohl sie doch nur sehen können, was vor ihren menschlichen Augen ist! Obwohl sie wissen, dass ihr Sehen sie auch betrügen könnte! Was sehen sie? Den Heiligen Geist, der sie erweckt und zusammengeführt hat, können sie nicht sehen und die Erkenntnis, den Glauben, die Liebe, das Hoffen, zu dem er die Anderen und sie selbst erweckt hat, auch nicht. Gerade als Brüder können sie sich nicht sehen. Sie sehen aber, dass dies da und sie selbst getauft sind: auf den einen neuen Namen, der ihnen Allen gemeinsam ist, den Namen Jesu und also den Namen des Vaters, des Sohnes und des Heiligen Geistes. Sie sehen nur, dass dies da und sie selbst solche sind, die offenbar einmal zu wissen begannen um das in diesem Namen beschlossene Heil der Welt und so auch um ihr Heil, zu wissen um sich selbst als um Leute, die seiner, die also der Vergebung ihrer Sünden, der Rechtfertigung und der Heiligung, der Umkehr schlechterdings bedürftig sind. Sie sehen nur, dass diese und sie selbst einmal im Begehren und mit der Bitte um Gottes Heil zur Gemeinde kamen, mit ihrem Munde diesen Namen bekannten, nach der Taufe und also nach ihrer Anerkennung als Glieder des Leibes Jesu Christi und also nach ihrer Aufnahme in die Gemeinde verlangten und dass ihnen diese Anerkennung und Aufnahme, indem sie getauft wurden – nicht im Namen der Gemeinde, sondern im Namen ihres Herrn – gewährt wurde.

Sie sehen die Anderen und sich selbst genau genommen nur eben als Getaufte – darüber hinaus ja wirklich nur in derselben Verfassung, in der sie zur Taufe hinzutraten: immer noch als Anfänger in jenem Wissen, immer noch in jenem Begehren und Bitten, immer noch als jene mit ihrem Munde Bekennenden. Aber eben daran halten sie sich für die Person der Anderen und für ihre eigene Person: sie alle kommen und so kommen auch sie selbst davon her, dass sie im Namen des Herrn getauft sind. Weil sie Alle im Namen des Herrn unter dieses Zeichen gestellt sind, lassen sie es gelten. Sie haben von daher die Erlaubnis und das Gebot, das zu tun, wozu sie von sich selbst her die Macht und die Kompetenz nicht hätten: die Anderen und sich selbst als Glieder des Leibes Jesu Christi ernst zu nehmen und also mit ihnen zusammen getrost und freudig in der Gemeinde zu sein. Indem das geschieht, geschieht, was in der Gemeinde das Rechte ist. Es könnte nicht geschehen, wenn er, der sie zusammenführte, nicht selber in ihrer Mitte, wenn eben die Taufe nicht seine Erlaubnis und sein Gebot und also das Zeichen wäre, auf das hin jenes Vertrauen nicht bloß in guter Meinung gefasst werden darf, sondern ein in gewisser Zuversicht vollzogener Gehorsamsakt ist. Und so sagen wir…: die christliche Gemeinde ist Taufgemeinschaft. Will sagen: es ist die Taufe, von der sie, im Namen Jesu versammelt, in allen ihren Gliedern herkommt; in der von dorther ihr geschenkten und von ihr ergriffenen Freiheit feiert sie ihren Gottesdienst.

FRIEDRICH CHRISTIAN DELIUS, *1943

Und im Laufen nicht hält innen

…da schaute sie lieber auf den Taufstein, wo sie und Gert in wenigen Wochen das Kind taufen zu lassen hofften, was sie sich nur schwer ausmalen konnte, da träumte sie lieber weiter in eine unbekannte Zukunft hinein mit der Familie irgendwo auf dem Land,

…*Ach, wie flüchtig, ach, wie nichtig,* hob der Chor an, kräftig von der Orgel begleitet, alles nachholen, die Museen, angefangen mit der Galerie im Borghese-Park, und sich alles noch mal in Ruhe zeigen lassen, die Gabelgötter und Cäsar und Augustus und Michelangelo, und in die Katakomben steigen, wo die ersten Christen die Jahrhunderte der Verfolgungen überlebten und wo sie sich heute allein nicht hintraute oder wo es für eine Frau im achten Monat zu riskant war, steile, schlüpfrige Treppen, wie sie gehört hatte, und mühsame Busfahrten durch Schlaglochstraßen der Außenbezirke,

solche Abenteuer wollte sie lieber mit Gert bestehen in einer besseren Zeit, *Ach, wie flüchtig, ach, wie nichtig,* wieder schien die Orgel das Kind zu Strampelbewegungen anzuregen, und Ausflüge machen, von denen ihr andere vorgeschwärmt hatten, nach Tivoli in die Gärten, nach Frascati in die Weinberge, *sind der Menschen Tage,* nach Ostia ans Meer oder auf den Monte Cavo mit der Straßenbahn, *wie ein Strom beginnt zu rinnen,*

Ziele, die ihr, von römischen Sehenswürdigkeiten überreich beschenkt, wie ein doppelter und dreifacher Luxus erschienen, als sei einem der unendliche Reichtum der Stadt nicht genug, als müsse man das Schöne stets mit neuen Schönheiten überbieten, als könne man sich nicht bescheiden mit dem, was man hatte, *und im Laufen nicht hält innen,* schwierige Gedanken, die auch mit dem ersehnten Gefährten zu besprechen wären oder plötzlich überflüssig werden könnten,

wenn er jetzt wegen seines kranken Beins einfach über das Meer zurückgeflogen käme nach Neapel und dann den Zug nähme, *und im Laufen nicht hält innen,* dann müsste sie nicht bis in eine ferne Friedenszeit warten, um mit ihm vielleicht schon bald im Frühling, nach der Geburt, auf den Monte Cavo oder nach Tivoli zu gelangen, dann könnte sie mit ihm und dem Kind an den Strand nach Ostia fahren in Sand und Sonne, *so fährt unser Zeit von hinnen,* Familienausflüge wie früher Heiligendamm,

aus den Augen des im goldenen Mosaikhimmel thronenden Christus, aus dem bärtigen Gesicht unter dem Heiligenschein las sie die leise Ermahnung, nicht zu viel herbeizuwünschen und herumzuphantasieren, sie konzentrierte sich, der Höhepunkt des Nachmittags wurde erwartet, die Kantate *Ich will den Kreuzstab gerne tragen,...*

Auszug aus: „Bildnis der Mutter als junge Frau".

ÖKUMENISCHER RAT DER KIRCHEN

Taufe und die wahre Kirche

Es gibt Getaufte, die sich vom kirchlichen Leben entfernen, indem sie sich nicht an den Aktivitäten der Kirche beteiligen. Es gibt andere Getaufte, die so bestürzt über die Verhältnisse in den Kirchen sind, das sie sich um ihres eigenen Glaubens und um der Würde ihrer Taufe willen bewusst von der institutionellen Kirche trennen. Und es gibt Menschen, die nicht getauft sind, aber sich dennoch aktiv am Leben der Kirche beteiligen. All diese Fälle werfen auf unterschiedliche Weise die Frage nach der Beziehung zwischen Taufe und Kirchenmitgliedschaft auf. Die wahre

Kirche ist nicht einfach identisch mit der Anzahl der Getauften, und die vorfindliche institutionelle Kirche leidet (in jeder Denomination) an mancherlei Entstellungen. Dies darf aber dennoch nicht zu einer Unterbewertung der Taufe führen. Alle, die getauft worden sind, und sogar diejenigen, die sich bewusst von der Kirche getrennt haben, bleiben unter ihrer Obhut. Die Kirche hat auch die Verantwortung, diejenigen zur Taufe hinzuführen, die vom Evangelium berührt worden sind, deren Glaube aber noch nicht durch die Taufe besiegelt wurde.

EPHESER

Ein Herr, ein Glaube, eine Taufe

Ein Leib und ein Geist, wie ihr auch berufen seid zu einer Hoffnung eurer Berufung; ein Herr, ein Glaube, eine Taufe; ein Gott und Vater aller, der da ist über allen und durch alle und in allen.

JOHANN JAKOB RAMBACH, 1693–1735

Ich bin getauft auf deinen Namen

Ich bin getauft auf deinen Namen,
Gott Vater, Sohn und Heilger Geist;
ich bin gezählt zu deinem Samen,
zum Volk, das dir geheiligt heißt.
Ich bin in Christus eingesenkt,
ich bin mit seinem Geist beschenkt.

Du hast zu deinem Kind und Erben,
mein lieber Vater, mich erklärt;
du hast die Frucht von deinem Sterben,
mein treuer Heiland, mir gewährt;
du willst in aller Not und Pein,
o guter Geist, mein Tröster sein.

Doch hab ich dir auch Furcht und Liebe,
Treu und Gehorsam zugesagt;
ich hab, o Herr, aus reinem Triebe
dein Eigentum zu sein gewagt;
hingegen sagt ich bis ins Grab
des Satans schnöden Werken ab.

Mein treuer Gott, auf deiner Seite
bleibt dieser Bund wohl feste stehn;
wenn aber ich ihn überschreite,
so lass mich nicht verlorengehn;
nimm mich, dein Kind, zu Gnaden an,
wenn ich hab einen Fall getan.

Ich gebe dir, mein Gott, aufs neue
Leib, Seel und Herz zum Opfer hin;
erwecke mich zu neuer Treue
und nimm Besitz von meinem Sinn.
Es sei in mir kein Tropfen Blut,
der nicht, Herr, deinen Willen tut.

Lass diesen Vorsatz nimmer wanken,
Gott Vater, Sohn und Heilger Geist.
Halt mich in deines Bundes Schranken,
bis mich dein Wille sterben heißt.
So leb ich dir, so sterb ich dir,
so lob ich dich dort für und für.

SEI MUTIG UND STARK!

genügen? – zweifeln und feiern

HANNS DIETER HÜSCH, 1925–2005

Psalm

Ich bin vergnügt
erlöst
befreit
Gott nahm in seine Hände
Meine Zeit
Mein Fühlen Denken
Hören Sagen
Mein Triumphieren
Und Verzagen
Das Elend
Und die Zärtlichkeit

Was macht dass ich so fröhlich bin
In meinem kleinen Reich
Ich sing und tanze her und hin
Vom Kindbett bis zur Leich

Was macht dass ich so furchtlos bin
An vielen dunklen Tagen
Es kommt ein Geist in meinen Sinn
Will mich durchs Leben tragen

Was macht dass ich so unbeschwert
Und mich kein Trübsinn hält
Weil mich mein Gott das Lachen lehrt
Wohlüber alle Welt

OLAF TRENN, *1963

Meine Quellen liegen oben in den Bergen

Meine Quellen liegen oben in den Bergen,
sie sind versteckt tief unter schwerem Stein
und sprudeln auf noch unerkannten Wegen
hinaus ins Freie und ins Tal hinein.

Und ich fließe, und ich laufe,
weiß woher und weiß wohin,
nicht vom Regen in die Traufe,
komm vom Segen aus der Taufe,
und ich fließe, und ich laufe
her von dir, hin zu dir,
hin zu dir, wo ich am liebsten bin.

Und ich reiße vieles ein, indem ich fließe,
es geht kaputt und wird nicht wieder heil,
ich werde trüb, dir bleibt es nicht verborgen,
ich bitte dich, vergib mir meinen Teil.

Und ich fließe …

Hier im Fluss wie ich sind viele neue Freunde,
sie strömen auf mich zu und mit mir mit,
wir mischen uns und bleiben doch wir selber
und ändern uns und halten mit dir Schritt.

Und ich fließe …

Nein, ich glaube nicht, dass ich alles verstehe,
ich glaube aber, dass du mit mir fließt,
als Gott und Mensch und Geist und als die Liebe,
die sich mit mir ins neue Leben gießt.

JOHANN GOTTFRIED HERDER, 1744–1803

Ein Traum, ein Traum ist unser Leben

Ein Traum, ein Traum ist unser Leben
Auf Erden hier.
Wie Schatten auf den Wolken schweben
Und schwinden wir.
Und messen unsre trägen Tritte
Nach Raum und Zeit;
Und sind (und wissen's nicht) in Mitte
Der Ewigkeit …

DIETRICH BONHOEFFER, 1906–1945

Es wird eine neue Sprache sein

Du wirst heute zum Christen getauft. Alle die alten großen Worte der christlichen Verkündigung werden über Dir ausgesprochen, und der Taufbefehl Jesu Christi wird an Dir vollzogen, ohne dass Du etwas davon begreifst. Aber auch wir selbst sind wieder ganz auf die Anfänge des Verstehens zurückgeworfen. Was Versöhnung und Erlösung, was Wiedergeburt und Heiliger Geist, was Feindesliebe, Kreuz und Auferstehung, was Leben in Christus und Nachfolge Christi heißt, das alles ist so schwer und so fern, dass wir es kaum mehr wagen, davon zu sprechen. In den überlieferten Worten und Handlungen ahnen wir etwas ganz Neues und Umwälzendes, ohne es noch fassen und aussprechen zu können.

Das ist unsere eigene Schuld. Unsere Kirche, die in diesen Jahren nur um ihre Selbsterhaltung gekämpft hat, als wäre sie ein Selbstzweck, ist unfähig, Träger des versöhnenden und erlösenden Wortes für die Menschen und für die Welt zu sein. Darum müssen die früheren Worte kraftlos werden und verstummen, und unser Christsein wird heute nur in zweierlei bestehen: im Beten und im Tun des Gerechten unter den Menschen. Alles Denken, Reden und Organisieren in den Dingen des Christentums muss neugeboren werden aus diesem Beten und diesem Tun. Bis Du groß bist, wird sich die Gestalt der Kirche sehr verändert haben. Die Umschmelzung ist noch nicht zu Ende und jeder Versuch, ihr vorzeitig zu neuer organisatorischer Machtentfaltung zu verhelfen, wird nur eine Verzögerung ihrer Umkehr und Läuterung sein. Es ist nicht unsere Sache, den Tag vorauszusagen – aber der Tag wird kommen –, an dem wieder Menschen berufen werden, das Wort Gottes so auszusprechen, dass sich die Welt darunter verändert und erneuert. Es wird eine neue Sprache sein, vielleicht ganz unreligiös, aber befreiend und erlösend, wie die Sprache Jesu, dass sich die Menschen über sie entsetzen und doch von ihrer Gewalt überwunden werden, die Sprache einer neuen Gerechtigkeit und Wahrheit, die Sprache, die den Frieden Gottes mit den Menschen und das Nahen seines Reiches verkündigt. „Und sie werden sich verwundern und entsetzen über alle dem Guten und über all den Frieden, den ich ihnen geben will" (Jerem 33,9). Bis dahin wird die Sache der Christen eine stille und verborgene sein; aber es wird Menschen geben, die beten und das Gerechte tun und auf Gottes Zeit warten. Möchtest Du zu ihnen gehören und möchte es einmal von Dir heißen: „Des Gerechten Pfad glänzt wie das Licht, das immer heller leuchtet bis auf den vollen Tag“ (Sprüche 4,18).

JOHANN ARND, 1555–1621

Das eingepfropfte Reißlein

Durch die heilige Taufe werden wir Christo einverleibet und eingepfropfet, wie ein Reißlein dem Baum, welches mit dem Baum Eines Wesens wird, und mit ihm vereiniget wächset. Denn der Baum machet lebendig und nähret das eingepfropfte Reißlein, dass es grünet, blühet und Früchte trägt: also erhält der Herr Christus seine Glieder mit seinem lebendigmachenden Geist, machet sie lebendig und stärket sie, dass sie blühen und Früchte tragen.

LOTHAR ZENETTI, *1926

Flög ich dem Morgenrot nach

Herr, ja du kennst mich genau.
Du liebst mich und blickst zu mir hin,
wo ich auch bin.
Was ich auch denke, erkennst du,
wohin ich geh, was ich tu,
alles weißt du.
Steig ich zum höchsten der Himmel,
tief in der Erde, auch da
bist du mir nah.
Flög ich dem Morgenrot nach
über Meere nach Ost oder West,
du hältst mich fest.

Manchmal, da geh ich ins Dunkel,
verstecke im Finsteren mich,
doch du siehst mich.
Du hast mein Innres gebildet,
immer hast du mich gesehn
und kannst verstehn.
Du bist mein Atem, mein Leben,
nichts ist verborgen vor dir,
du bist bei mir.

AURELIUS AUGUSTINUS, 354–430

Weshalb wurde meine Taufe verschoben?

Schon als Knabe hatte ich vom ewigen Leben vernommen, das uns versprochen worden ist durch die Erniedrigung des Herrn unseres Gottes, der zu unserer Hoffart herabstieg; und bereits vom Schoße meiner Mutter, deren ganzes Hoffen auf dich gerichtet war, wurde ich mit dem Zeichen des Kreuzes bezeichnet und mit seinem Salze gewürzt. Du sahest, o Herr, als ich noch im Knabenalter stand und eines Tages infolge heftiger Magenschmerzen plötzlich in ein tödliches Fieber verfiel, du sahest also, mein Gott, der du schon damals mein Hüter warst, mit welch innerer Erschütterung und mit welchem Glauben ich von der Frömmigkeit meiner Mutter und unser aller Mutter, deiner Kirche, die Taufe deines Gesalbten, meines Herrn und Gottes, verlangte. Wohl hätte meine betrübte leibliche Mutter, die noch mit viel größerer Liebe mein ewiges Heil keuschen Herzens in deinem Glauben geboren hätte, eilig dafür gesorgt, dass ich in die heilbringenden Sakramente eingeweiht und im Bekenntnisse des Glaubens an dich, Herr Jesus, abgewaschen würde zur Vergebung der Sünden, wäre ich nicht plötzlich wieder gesund geworden. Meine Abwaschung wurde daher aufgeschoben; denn sie meinten, dass ich bei längerem Leben notwendigerweise mit mehr Sünden befleckt würde und ein sündenbeflecktes Leben nach dem Empfang jenes Bades (der Wiedergeburt) nur noch größere und gefahrvollere Verschuldung verursacht hätte. So war ich denn bereits zum Glauben gelangt, wie meine Mutter und das ganze Haus mit Ausnahme des Vaters allein; doch ließ dieser sein Interesse an mir nicht Oberhand gewinnen über die Frömmigkeit der Mutter, dass er etwa, selbst ungläubig, auch mich nun verhindert hatte, an Christus zu glauben. Denn das war ihr heißes Bemühen, dass du, mein Gott, eher mein Vater seiest als er; und du standest ihr hierin bei, so dass sie über den Gatten den Sieg gewann, dem sie, obgleich die bessere, dienstbar war, weil sie auch hierin dir diente, deinem Befehle gemäß.

Ich frage dich, mein Gott, – ich möchte es nämlich wissen, wenn es auch dein Wille ist –, weshalb damals meine Taufe verschoben wurde. Wurden mir zum Heile gleichsam die Zügel der Sünde gelockert, oder wären sie besser nicht gelockert worden? Weshalb tönt es uns auch jetzt noch immer wieder in den Ohren: „Laß ihn tun; er ist ja noch nicht getauft“? Und doch sagen wir nicht, wenn es sich um die Gesundheit des Körpers handelt: „Laß ihn nur noch mehr verwundet werden; er ist ja noch nicht geheilt“. Wieviel besser wäre es für mich gewesen, ich wäre schnell geheilt worden, und mein und der Meinen Eifer hätten darauf ihr Augenmerk gerichtet, dass das Heil meiner Seele, das du mir verliehen, nun unter deinem Schutze sicher war. Besser fürwahr! Aber meine Mutter wußte, wie große und wie viele Stürme der Versuchungen nach Ablauf des Knabenalters noch über mich brausen würden, und wollte lieber den Stoff preisgeben, aus dem ich später neu geformt werden konnte, als das Bildnis selbst.

HERMANN BOTE, 1450–1520

Eulenspiegel

Die 1. Historie sagt, wie Till Eulenspiegel geboren, dreimal an einem Tage getauft wurde und wer seine Taufpaten waren.

Bei dem Wald, Elm genannt, im Dorf Kneitlingen im Sachsenland, wurde Eulenspiegel geboren. Sein Vater hieß Claus Eulenspiegel, seine Mutter Ann Wibcken. Als sie des Kindes genas, schickten sie es in das Dorf Ampleben zur Taufe und ließen es nennen Till Eulenspiegel. Till von Uetzen, der Burgherr von Ampleben, war sein Taufpate. Ampleben ist das Schloss, das die Magdeburger vor etwa 50 Jahren mit Hilfe anderer Städte als ein böses Raubschloss zerstörten. Die Kirche und das Dorf dabei ist nunmehr im Besitze des würdigen Abtes von Sankt Ägidien, Arnolf Pfaffenmeier.

Als nun Eulenspiegel getauft war und sie das Kind wieder nach Kneidingen tragen wollten, da wollte die Taufpatin, die das Kind trug, eilig über einen Steg gehen, der zwischen Kneidingen und Ampleben über einen Bach führt. Und sie hatten nach der Kindtaufe zu viel Bier getrunken (denn dort herrscht die Gewohnheit, dass man die Kinder nach der Taufe in das Bierhaus trägt, sie vertrinkt und fröhlich ist; das mag dann der Vater des Kindes bezahlen). Also fiel die Patin des Kindes von dem Steg in die Lache und besudelte sich und das Kind so jämmerlich, dass das Kind fast erstickt wäre. Da halfen die anderen Frauen der Badmuhme mit dem Kind wieder heraus, gingen heim in ihr Dorf, wuschen das Kind in einem Kessel und machten es wieder sauber und schön.

So wurde Eulenspiegel an einem Tage dreimal getauft: einmal in der Taufe, einmal in der schmutzigen Lache und einmal im Kessel mit warmem Wasser.

MARTIN LUTHER, 1483–1546

Wasser tut's freilich nicht

Die Taufe ist nicht allein schlicht Wasser, sondern sie ist das Wasser in Gottes Gebot gefasst und mit Gottes Wort verbunden.

Sie wirkt Vergebung der Sünden, erlöst vom Tode und Teufel und gibt die ewige Seligkeit allen, die es glauben, wie die Worte und Verheißung Gottes lauten.

Wasser tut's freilich nicht, sondern das Wort Gottes, das mit und bei dem Wasser ist, und der Glaube, der solchem Worte Gottes im Wasser traut. Denn ohne Gottes Wort ist

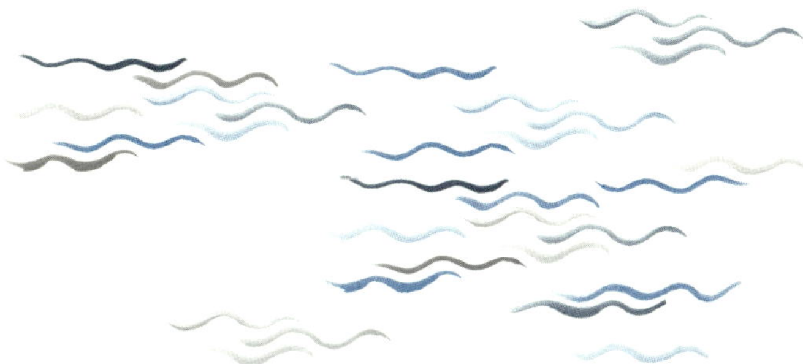

das Wasser schlicht Wasser und keine Taufe; aber mit dem Worte Gottes ist's eine Taufe, das ist ein gnadenreiches Wasser des Lebens und ein Bad der neuen Geburt im Heiligen Geist.

Es bedeutet, dass der alte Adam in uns durch tägliche Reue und Buße soll ersäuft werden und sterben mit allen Sünden und bösen Lüsten; und wiederum täglich herauskommen und auferstehen ein neuer Mensch, der in Gerechtigkeit und Reinheit vor Gott ewiglich lebe.

TERTULLIAN, UM 150–230

Eine Lobrede auf das Wasser

Glückseliges Sakrament unseres Wassers, wodurch wir, nach Abwaschung der Fehltritte unserer vorigen Blindheit, für das ewige Leben in Freiheit gesetzt werden!... Warum hat dieser Stoff verdient, zu einem so hohen Dienste begnadigt zu werden? Man muss, antworte ich, den hohen Wert des flüssigen Elementes untersuchen. ... Das Wasser ist eins von den Dingen, welche vor der gesamten Ausschmückung der Welt in einer noch uranfänglichen Form bei Gott ruhten. „Im Anfange", heißt es, „machte Gott den Himmel und die Erde. Die Erde aber war unsichtbar und ungeordnet, Finsternisse waren über dem Abgrunde, und der Geist Gottes schwebte über den Wassern". Da hast du nun, o Mensch, vorerst das Alter des

Wassers zu verehren; denn es ist eine alte Substanz; sodann seine hohe Bestimmung, weil es der Sitz des Geistes und folglich ihm wohlgefälliger war als die übrigen Elemente. Denn die Finsternis war noch ganz gestaltlos, ohne den Schmuck der Gestirne, der Abgrund traurig, die Erde unfertig und der Himmel unvollendet; das Flüssige dagegen allzeit eine vollendete Materie. Heiter, einfach und durch sich rein, bot es sich Gott als ein würdiges Fahrzeug dar. Und wie, wenn bei der darnach folgenden geordneten Einrichtung der Welt die Gewässer sich Gott gewissermaßen als normgebend darstellten? Denn die Befestigung des Firmamentes des Himmels in der Mitte bewirkte er durch Teilung der Gewässer; die Befestigung des trockenen Landes vollendete er durch Trennung der Gewässer. Als später der nach Elementen geordnete Erdkreis Bewohner erhielt, wurde zuerst dem Wasser befohlen, Tiere hervorzubringen. Die ersten lebenden Wesen brachte das flüssige Element hervor, damit es nichts Auffälliges habe, wenn in der Taufe das Wasser zu beleben vermag. Ist denn nicht sogar auch das Werk der Bildung des Menschen nur unter Hinzunahme des Wassers beendet worden? Von der Erde kam der Stoff, der jedoch nur, wenn nass und angefeuchtet, geeignet war, so nämlich, wie er durch die erst vor vier Tagen an ihren Ort abgesonderten Gewässer mit der von ihnen zurückgebliebenen Feuchtigkeit etwas mit Schlamm versetzt war. Wenn ich nach der Reihe alles oder auch nur einiges davon verfolgen wollte, was ich über das hohe Ansehen jenes Elementes zu sagen weiß, was für eine große Wirksamkeit und Gnade es hat, zu wie vielen Künsten, zu wie vielen Diensten es gebraucht wird, welche Hilfe es der Welt leistet, – dann müsste ich fürchten, mehr eine Lobrede auf das Wasser als eine Rechtfertigung der Taufe zu schreiben, wenngleich ich dadurch um so vollständiger zeigen würde, wie grundlos es ist, daran zu zweifeln, ob Gott der Materie, welche er zu allen Dingen und bei allen seinen Werken verwendete, auch im Bereich seiner heiligen Geheimnisse eine zeugende Kraft verliehen habe, und ob das, was das irdische Leben regiert, auch im himmlischen Nutzen schaffe.

PSALM 8

Was ist der Mensch?

HERR, unser Herrscher, wie herrlich ist dein Name in allen
Landen, der du zeigst deine Hoheit am Himmel!
Aus dem Munde der jungen Kinder und Säuglinge hast du
eine Macht zugerichtet um deiner Feinde willen, dass du
vertilgest den Feind und den Rachgierigen.
Wenn ich sehe die Himmel, deiner Finger Werk, den Mond
und die Sterne, die du bereitet hast:
Was ist der Mensch, dass du seiner gedenkst, und des
Menschen Kind, dass du dich seiner annimmst?
Du hast ihn wenig niedriger gemacht als Gott, mit Ehre
und Herrlichkeit hast du ihn gekrönt.

Du hast ihn zum Herrn gemacht über deiner Hände Werk,
alles hast du unter seine Füße getan:
Schafe und Rinder allzumal, dazu auch die wilden Tiere,
die Vögel unter dem Himmel und die Fische im Meer und
alles, was die Meere durchzieht.
HERR, unser Herrscher, wie herrlich ist dein Name in allen
Landen!

FJODR MICHAIL DOSTOJEWSKI, 1821–1881

Wir sind nur aus Leichtsinn ungläubig

Als Grigori am Morgen beim Kaufmann Lukjanow einkaufte, hatte er von diesem die Geschichte eines russischen Soldaten gehört, der irgendwo in der Ferne, an der Grenze, bei den Asiaten in Gefangenschaft geraten war. Sie hätten ihn unter Androhung eines qualvollen Todes zwingen wollen, seinem christlichen Glauben abzuschwören und zum Islam überzutreten, er jedoch habe sich geweigert, seinen Glauben zu verraten, habe sich den Foltern unterworfen, sich die Haut abziehen lassen und sei, Christus lobend und preisend, gestorben …

„Meine Ansicht darüber ist die", begann Smerdjakow ganz unerwartet mit lauter Stimme. „Wenn die Tat dieses braven Soldaten auch sehr heldenhaft war, wäre es doch andererseits auch keine Sünde gewesen, wenn er sich in dieser Lage von Christus und von seiner eigenen Taufe losgesagt hätte, um dadurch sein Leben für spätere gute Taten zu retten. Durch die hätte er im Laufe der Jahre auch seine Kleinmütigkeit wiedergutmachen können."

„Wie sollte das denn keine Sünde sein? Du redest Unsinn, dafür kommst du geradewegs in die Hölle und wirst wie Hammelfleisch gebraten!" erwiderte ihm Fjodor Pawlowitsch…

„Sie sollten sich lieber selbst folgendes sagen: Würde ich bei den Peinigern der Christenheit in Gefangenschaft geraten und würden sie von mir verlangen, dass ich den Namen Gottes verfluche und mich von meiner heiligen Taufe lossage, dann hätte ich kraft meiner eigenen Vernunft das volle Recht dazu, denn von einer Sünde kann da keine Rede sein…"

„Das hast du schon einmal gesagt. Rede nicht unnütze Worte, sondern beweise es!" rief Fjodor Pawlowitsch.

„…In dem Augenblick, wo ich zu meinen Peinigern sage: ‚Nein, ich bin kein Christ! Und ich verfluche meinen wahrhaftigen Gott', in demselben Augenblick bin ich bereits durch das allerhöchste Gericht Gottes verflucht und aus der heiligen Kirche ausgeschlossen, ganz wie ein Heide. Sogar schon in dem Augenblick, wo ich es noch nicht ausgesprochen, sondern nur beabsichtigt habe, nicht einmal eine Viertelsekunde später, bin ich ausgeschlossen – ist das so oder nicht, Grigori Wassiljewitsch?… Wenn ich aber kein Christ mehr bin, so folgt daraus, dass ich die Peiniger auch nicht belogen habe, als sie mich fragten, ob ich Christ sei oder nicht. Denn ich war schon von Gott selbst meines Christentums entkleidet, auf Grund meiner bloßen Absicht, ehe ich den Peinigern ein Wort hätte sagen können. Wenn ich aber schon degradiert war, auf welche Weise und mit welcher Gerechtigkeit kann dann von mir in jener Welt wie von einem Christen Rechenschaft dafür verlangt werden, dass ich Christus verleugnet hätte, da ich doch schon für diese bloße Absicht, noch vor der Verleugnung, meiner Taufe ledig geworden war? Wenn ich nicht mehr Christ bin, so folgt daraus, dass ich Christus nicht verleugnen kann, denn es wird überhaupt nichts geben, was ich verleugnen könnte. Wer wird denn, und sei es auch im Himmel, einen heidnischen Tataren dafür zur Rechenschaft ziehen, Grigori Wassiljewitsch, dass er nicht als Christ geboren ist? Und wer wird ihn dafür bestrafen, da man doch sagen muss, dass man einem Ochsen nicht zwei Häute abziehen kann? Und selbst wenn der allmächtige Gott den Tataren nach dem Tode zur Rechenschaft ziehen sollte, so vermute ich, dass Er in Anbetracht dessen, dass er doch nichts dafür kann, wenn er, von heidnischen Eltern erzeugt, als Heide auf die Welt gekommen ist, nur eine ganz kleine Strafe über ihn verhängen wird – ganz ohne Strafe wird es wohl nicht abgehen. Gott der Herr kann doch nicht ohne weiteres von dem Tataren sagen, auch er sei ein Christ gewesen? Das würde ja heißen, dass der allmächtige Gott eine glatte

Unwahrheit sagt. Und kann Gott der Herr, der allmächtige Erhalter des Himmels und der Erde, etwa eine Lüge sagen, und sei es auch nur mit einem einzigen Wort?“

Grigori war ganz starr geworden und sah Smerdjakow mit aufgerissenen Augen an. Obgleich er nicht alles so recht verstanden hatte, begriff er doch wenigstens etwas von dem ganzen Gewäsch und stand da mit dem Gesicht eines Menschen, der auf einmal mit der Stirn gegen eine Wand gerannt ist…

„Überlegen Sie doch selbst, Grigori Wassiljewitsch“, fuhr Smerdjakow ruhig und gemessen fort. Er war sich seines Sieges bewusst, übte aber gewissermaßen Großmut mit dem geschlagenen Gegner. „Überlegen Sie doch selbst, Grigori Wassiljewitsch! Es steht doch in der Heiligen Schrift geschrieben: ‚Wenn ihr Glauben habt auch nur von der Größe eines kleinen Körnchens und dann zu dem Berg sagt, er solle sich ins Meer begeben, so wird er das ohne Zaudern auf euren Befehl hin tun.‘ Nun gut, Grigori Wassiljewitsch, wenn ich ein Ungläubiger bin und Sie ein solcher Gläubiger, dass Sie mich ständig beschimpfen, dann versuchen Sie doch selbst einmal, diesem Berg zu befehlen, er soll sich zwar nicht gleich, ins Meer – bis zum Meer ist es recht weit –, aber doch wenigstens in das übelriechende Flüßchen hinter unserem Garten begeben. Sie werden selber sehen, dass sich nichts von der Stelle bewegt, sondern alles in der bisherigen Ordnung und dem bisherigen Zusammenhang bleibt, mögen Sie auch noch so viel schreien. Das bedeutet aber doch, dass auch Sie, Grigori Wassiljewitsch, nicht richtig glauben, sondern statt dessen nur andere beschimpfen. Und wenn man außerdem in Betracht zieht, dass in unserer Zeit niemand von den höchsten Persönlichkeiten bis hinab zum niedrigsten Bauer, Berge ins Meer schieben kann, vielleicht außer einem oder höchstens zwei Menschen auf der ganzen Erde, und auch die leben, auf die Rettung ihrer Seele bedacht, wahrscheinlich irgendwo in der ägyptischen Wüste, wo man sie überhaupt nicht finden kann – wenn es sich also so verhält, wenn alle übrigen sich als Ungläubige erweisen, wird Gott der Herr dann alle übrigen, das heißt die Bevölkerung der ganzen Erde außer jenen beiden Einsiedlern, verfluchen und trotz seiner allbekannten Barmherzigkeit keinem von ihnen verzeihen? Also hoffe auch ich, dass mir, sollte auch ich einmal gezweifelt haben, verziehen wird, wenn ich Tränen der Reue vergieße." …

„…was du…gesagt hast, ist Unsinn, Unsinn, Unsinn! Du musst wissen, du Dummkopf, dass wir hier alle nur aus Leichtsinn ungläubig sind. Weil wir keine Zeit haben. Erstens sind uns die Geschäfte über den Kopf gewachsen, und zweitens gab Gott uns zu wenig Zeit. Er gab dem Tag nur vierundzwanzig Stunden, so dass man nicht einmal ordentlich ausschlafen, geschweige denn bereuen kann. Du aber hast vor den Peinigern deinen Glauben zu einer Zeit verleugnet, wo du an nichts zu denken hattest als an den Glauben, wo du den Glauben erst recht hättest zeigen müssen! Ich meine, das stimmt so, mein Lieber, nicht wahr?“

„Es wird wohl so stimmen. Aber bedenken Sie, Grigori Wassiljewitsch, gerade dadurch wird meine Ansicht noch bestärkt. Hätte ich damals gehörig an die heilige Wahrheit geglaubt, wäre es in der Tat Sünde gewesen, die Foltern nicht um des Glaubens willen auf mich zu nehmen, sondern zum heidnischen Glauben Mohammeds überzugehen. Aber zu Foltern wäre es dann gar nicht gekommen. Ich hätte ja in jenem Moment bloß zum Berg zu sagen brauchen: Beweg dich und erdrück den Peiniger. Er hätte sich dann in Bewegung gesetzt und ihn augenblicklich wie eine Schabe zerquetscht, ich aber wäre, Gott preisend und lobsingend, davongegangen, als ob nichts geschehen wäre. Doch wenn ich das alles versucht und den Berg aufgefordert hätte, diese Peiniger zu erdrücken, und er hätte sie nicht erdrückt – sagen Sie selbst, wie hätte ich da nicht zweifeln sollen, und noch dazu in einer so furchtbaren Stunde der Todesangst? Wüsste ich doch ohnehin, dass ich das Himmelreich nicht voll erlangen würde, denn der Berg hätte sich nicht in Bewegung gesetzt, Beweis genug, dass man meinem Glauben dort nicht recht traute und dass mich in jener Welt keine besonders große Belohnung erwartete – warum sollte ich mir da obendrein nutzlos die Haut abziehen lassen? Selbst wenn sie mir die Haut bis zur Hälfte des Rückens abziehen, der Berg würde sich auch dann auf mein Wort oder auf mein Geschrei hin nicht in

Bewegung setzen. In so einem Augenblick können einem nicht nur Zweifel kommen, man kann sogar vor Angst den Verstand verlieren, so dass das Überlegen überhaupt unmöglich wird. Inwiefern mache ich mich also besonders schuldig, wenn ich wenigstens meine Haut rette, wo ich von etwaiger Standhaftigkeit weder in dieser noch in jener Welt einen Vorteil oder einen Lohn zu erwarten habe? Also hoffe ich zuversichtlich auf Gottes Barmherzigkeit und Vergebung…"

EDMUND SCHLINK, 1903–1984

Der Eingriff Gottes

So geschieht durch die Taufe ein tiefer Eingriff Gottes in das Menschenleben, eine Trennung zwischen dem Leben zuvor und dem Leben danach. Die Verfügung des Menschen über sich selbst, die in Wahrheit Gebundenheit durch Schuld und Verderben war, ist beendet. Das neue Leben als Christi Eigentum, das Leben in Freiheit und Hoffnung ist erschlossen… Die Getauften dürfen…leben als die Abgewaschenen, die Gerechtfertigten, die Geheiligten, die Geretteten, die Befreiten. Denn sie sind durch den Christusnamen Christus selbst überantwortet. Sie tragen nun den Christusnamen und sind Christi Eigentum.

PSALM 103

Lobe den Herrn, meine Seele

Lobe den HERRN, meine Seele, und was in mir ist, seinen heiligen Namen!
Lobe den HERRN, meine Seele, und vergiß nicht, was er dir Gutes getan hat:
der dir alle deine Sünde vergibt und heilet alle deine Gebrechen,
der dein Leben vom Verderben erlöst, der dich krönet mit Gnade und Barmherzigkeit,
der deinen Mund fröhlich macht, und du wieder jung wirst wie ein Adler.
Der HERR schafft Gerechtigkeit und Recht allen, die Unrecht leiden.
Er hat seine Wege Mose wissen lassen, die Kinder Israel sein Tun.
Barmherzig und gnädig ist der HERR, geduldig und von großer Güte.
Er wird nicht für immer hadern noch ewig zornig bleiben.
Er handelt nicht mit uns nach unsern Sünden und vergilt uns nicht nach unsrer Missetat.

Denn so hoch der Himmel über der Erde ist, läßt er seine Gnade walten über denen, die ihn fürchten.

So fern der Morgen ist vom Abend, läßt er unsre Übertretungen von uns sein.

Wie sich ein Vater über Kinder erbarmt, so erbarmt sich der HERR über die, die ihn fürchten.

Denn er weiß, was für ein Gebilde wir sind; er gedenkt daran, dass wir Staub sind.

Ein Mensch ist in seinem Leben wie Gras, er blüht wie eine Blume auf dem Felde;

wenn der Wind darüber geht, so ist sie nimmer da, und ihre Stätte kennet sie nicht mehr.

Die Gnade aber des HERRN währt von Ewigkeit zu Ewigkeit über denen, die ihn fürchten, und seine Gerechtigkeit auf Kindeskind

bei denen, die seinen Bund halten und gedenken an seine Gebote, dass sie danach tun.

Der HERR hat seinen Thron im Himmel errichtet, und sein Reich herrscht über alles.

Lobet den HERRN, ihr seine Engel, ihr starken Helden, die ihr seinen Befehl ausrichtet, dass man höre auf die Stimme seines Wortes!

Lobet den HERRN, alle seine Heerscharen, seine Diener, die ihr seinen Willen tut!

Lobet den HERRN, alle seine Werke, an allen Orten seiner Herrschaft! Lobe den HERRN, meine Seele!

SEI MUTIG UND STARK!

gelassen leben – bitten und wagen

KURT TUCHOLSKY, 1890-1935

An das Baby

Alle stehn um dich herum:
Fotograf und Mutti
und ein Kasten, schwarz und stumm,
Felix, Tante Putti…
    Sie wackeln mit dem Schlüsselbund,
    fröhlich quietscht ein Gummihund.
    „Baby, lach mal!“, ruft Mama.
    „Guck“, ruft Tante, „eiala!“
Aber du, mein kleiner Mann,
siehst dir die Gesellschaft an…
Na, und dann – was meinste?

Weinste.

Später stehn um dich herum
Vaterland und Fahnen;
Kirche, Ministerium,
Welsche und Germanen.
    Jeder stiert nur unverwandt
    auf das eigne kleine Land.
    Jeder kräht auf seinem Mist,
    weiß genau, was Wahrheit ist.
Aber du, mein guter Mann,
siehst dir die Gesellschaft an …
Na, und dann – was machste?
                                        Lachste.

FRIEDRICH KARL BARTH / PETER HORST

Kind, du bist uns anvertraut

Kind, du bist uns anvertraut.
Wozu werden wir dich bringen?
Wenn du deine Wege gehst,
wessen Lieder wirst du singen?
Welche Worte wirst du sagen
und an welches Ziel dich wagen?

Kampf und Krieg zerreißt die Welt,
einer drückt den andern nieder.
Dabei zählen Macht und Geld,
Klugheit und gesunde Glieder.
Mut und Freiheit, das sind Gaben,
die wir bitter nötig haben.

Freunde wollen wir dir sein;
sollst des Friedens Brücken bauen.
Denke nicht, du stehst allein;
kannst der Macht der Liebe trauen.
Taufen dich in Jesu Namen.
Er ist unsre Hoffnung. Amen.

RAINER MARIA RILKE, 1875–1926

Gott spricht zu jedem nur, eh er ihn macht

Gott spricht zu jedem nur, eh er ihn macht,
dann geht er schweigend mit ihm aus der Nacht.
Aber die Worte, eh jeder beginnt,
diese wolkigen Worte sind:
Von deinen Sinnen hinausgesandt,
geh bis an deiner Sehnsucht Rand;
gib mir Gewand.
Hinter den Dingen wachse als Brand,
dass ihre Schatten, ausgespannt,

immer mich ganz bedecken.
Lass dir alles geschehn: Schönheit und Schrecken.
Man muss nur gehn: Kein Gefühl ist das fernste.
Lass dich von mir nicht trennen.
Nah ist das Land,
das sie das Leben nennen.
Du wirst es erkennen
an seinem Ernste.
Gib mir die Hand.

JOHANNES VOM KREUZ, 1542-1591

Lebendige Liebesflamme

Wer nichts anderes sucht als Gott allein, der geht nie total im Finstern, mag er sich auch noch so armselig und im Dunkel fühlen.

BASILIUS VON CÄSEREA, UM 330–379

Der schlaue Vogel

Der Teufel spricht: „Den heutigen Tag mir, den morgigen Gott!" Der Herr aber ruft anders: „Heute hört meine Stimme!" Sieh dir den Feind an! Er wagt nicht, dir den Rat zu geben, ganz von Gott abzufallen – er weiß, dass das ein Christ nicht hören kann –, sondern mit trügerischen Kunstgriffen versucht er den Angriff. „Er ist weise im Bösetun." Er sieht, dass wir Menschen in der Gegenwart leben und alles Handeln in der Gegenwart geschieht. Daher stiehlt er uns listig den heutigen Tag und vertröstet uns mit der Hoffnung auf den morgigen. Kommt dann der morgige, so naht sich wieder der böse Geselle und verlangt für sich den heutigen, für den Herrn aber den morgigen Tag. So entzieht er uns immer mit

Hilfe der Lust die Gegenwart, überlässt die Zukunft unseren Hoffnungen und betrügt uns so unvermerkt um das Leben.

Eine ähnliche Arglist beobachtete ich einmal bei einem schlauen Vogel. Da nämlich seine Jungen wegen ihres zarten Alters leicht gefangen werden konnten, bot er sich selbst als leichte Beute an und flatterte vor den Händen der Vogelfänger hin und her, ohne sich jedoch von den Jägern gleich fangen zu lassen, noch ihnen die Hoffnung zu nehmen, seiner habhaft zu werden. Während er aber die Jäger verschiedentlich durch Hoffnungen hinhielt und auf sich lenkte, gab er seinen Jungen Gelegenheit, zu entwischen, und flog dann endlich selbst davon. – Nimm dich in acht, dass es dir nicht ähnlich ergeht und du in der Hoffnung auf das Ungewisse das Gewisse fahren lässt.

FRIEDRICH RÜCKERT, 1788–1866

Gar viele Wege gehen zu Gott

Gar viele Wege gehen zu Gott, auch deiner geht
zu Gott, geh ihn getrost mit Preisen und Gebet.
Und lass dich nicht von denen irre machen,
die andre Wege gehen, und mach nicht irr die Schwachen.
Wer mit auf meinem Weg will gehen, der sei willkommen;
Und geh ich auch allein, doch geh ich unbeklommen.

PSALM 91

Der Schirm des Höchsten

Wer unter dem Schirm des Höchsten sitzt und unter dem Schatten des Allmächtigen bleibt,
der spricht zu dem HERRN: Meine Zuversicht und meine Burg, mein Gott, auf den ich hoffe.
Denn er errettet dich vom Strick des Jägers und von der verderblichen Pest.
Er wird dich mit seinen Fittichen decken, und Zuflucht wirst du haben unter seinen Flügeln. Seine Wahrheit ist Schirm und Schild,
dass du nicht erschrecken musst vor dem Grauen der Nacht, vor den Pfeilen, die des Tages fliegen,

vor der Pest, die im Finstern schleicht, vor der Seuche, die am Mittag Verderben bringt.
Denn der HERR ist deine Zuversicht, der Höchste ist deine Zuflucht.
Es wird dir kein Übel begegnen, und keine Plage wird sich deinem Hause nahen.
Denn er hat seinen Engeln befohlen, dass sie dich behüten auf allen deinen Wegen,
dass sie dich auf den Händen tragen und du deinen Fuß nicht an einen Stein stoßest.

PAUL ERNST, 1866–1933

Die Taufe

Nun vereinigten sich alle, um in den kleinen Saal zu gehen, der als Taufkapelle hergerichtet war. Die Mutter trug, stolz errötend, in weißem Kissen das Kind; sie wollte es selber bei dieser bedeutenden Handlung in die Hände der Paten legen. Am Taufbecken stand der würdige Pastor, neben ihm die Freunde, die dem Kinde den Namen geben sollten, voran der Großvater. Das Kind sah mit aufmerksamen Augen ringsum, dann heftete es den Blick auf eine der brennenden Kerzen. Der Pastor begann zu sprechen; die Mutter gab das Kind ängstlich dem Großvater; es sah dem alten Mann ins Gesicht, und wie der sich zärtlich überbeugte, griff es ihm mit festem Händchen in den grauen Vollbart; so hatte es ihn eine Weile, indessen der alte Mann, der die heilige Handlung nicht stören mochte, mit verzogenem Gesicht still hielt. Der Pastor wandte sich mit einem Wort zu dem Kind; es sah nun den Pastor an und ließ den Bart des Großvaters los. Dann empfing es der Pastor, benetzte es dreimal mit dem Wasser und sprach die Taufformel; es verzog schon die Miene zum Weinen, es bezwang sich aber, blickte wieder starr dem Pastor ins Gesicht und schwieg.

Wie die Handlung beendet war, nahm die Mutter, besorgt und glücklich, ihr Kind wieder in den Arm; es war die bestimmte Stunde und sie ging fort mit ihm auf ihr Zimmer, um ihm die Brust zu geben.

Die Gäste aber traten nun in den großen Saal, wo die Tafel war, und setzten sich nach der Ordnung …

Plötzlich verspürte man eine merkwürdige Unruhe im Haus; Türen wurden geschlagen, auf den Gängen liefen hastig Leute, ein Fenster klirrte, man hörte Rufen, ein lautes weibliches Klagen erscholl. Die Gäste sahen sich verwundert an, Herr v. Brake erhob sich und ging zur Tür; eine Dame hatte von außen die Tür aufgerissen, stürzte ihm entgegen und rief: „Das Kind ist fort, es ist von den Zigeunern gestohlen.“

Die Anwesenden waren zunächst mehr erstaunt als erschrocken. Zuerst teilte sich die Erregung den Damen mit; dann dem jungen Vater, dann Herrn v. Brake, indessen die anderen Herren noch eine Weile ungläubig waren. Alle aber standen auf, fragten, verließen das Zimmer und kehrten zurück, suchten Erkundigungen einzuziehen, wo man denn die

Zigeuner gesehen hatte; Herr v. Brake eilte zum Telephon und benachrichtigte die Polizei; der als Gast anwesende Landrat verlangte, dass ihm ein Pferd gesattelt werde; die Kinderfrau erzählte beständig, dass eine Zigeunerin vor ihr im Gange gestanden habe, wie aus der Erde gewachsen, die ein Bündel im Arm gehabt und ihr zugewinkt habe, zu schweigen.

Bei Taufen ist der Täufling ja gewöhnlich eine nebensächliche Person. Er wird getauft, er bekommt seine Milch, man bündelt ihn aus und wickelt ihn wieder ein, und sonst bekümmert man sich nicht um ihn.

Die junge Frau war nach der Taufe mit dem Kleinen ins Schlafzimmer gegangen und hatte ihm die Brust gegeben. Wegen der versalzenen Suppe war sie dann noch rechtzeitig zum Essen gekommen; sie hatte die letzte Geschichte mit angehört, und nun war es wieder Zeit gewesen, dass er Nahrung bekam. Sie hatte die Gesellschaft unbemerkt verlassen und war zum Schlafzimmer geeilt. Aber wie sie an das Bett des Kindes getreten, da hatte sie nur zerwühlte Kissen gesehen, und das Kind fehlte. Sie hatte geklingelt, das Stubenmädchen war gekommen, sie hatte das Stubenmädchen gefragt, das Stubenmädchen hatte von nichts gewußt; die beiden Frauen waren ängstlich geworden, hatten gesucht, niemand hatte ihnen etwas sagen können. Das ganze Haus war durchforscht, das Kind war nirgends zu finden.

Georg Müller hatte mit Paul Ernst abgemacht, dass er die neue Novellensammlung „Die Taufe" verlegen sollte, weil

„Die Hochzeit“ ein so fabelhafter buchhändlerischer Erfolg gewesen war. Müller, welcher mit zu den Geladenen gehörte, sah sofort ein, dass der unbefriedigende und unwahrscheinliche Schluß, dass das Kind von Zigeunern geraubt sein sollte, dem Buch sehr schaden musste. Er beschloß deshalb, mit mehr System nachzuforschen, und vielleicht den merkwürdigen Vorfall aufzuklären.

Er fragte zunächst die Kinderfrau nach der Zigeunerin, und die erzählte denn auch willig, dass es vielleicht mehrere Zigeuner gewesen seien, und dass sie jedenfalls wie aus der Erde gewachsen auf dem Gange vor ihr gestanden hätten. Es wären auch Männer dabei gewesen, und einer hatte ein Gewehr gehabt. Müller fragte weiter, wie die Kinderfrau auf den Gang gekommen sei, und die Frau erzählte, sie sei von dem Kind gekommen, das geschlafen habe wie ein Engel und so gesund ausgesehen habe, was auch kein Wunder sei, wenn man die Eltern betrachte, und der Herr Professor werde ja wohl auch glücklich durch den Krieg kommen, denn bis jetzt habe ihn ja unberufen noch keine Kugel getroffen. Müller unterbrach sie und erkundigte sich, wo sie das Kind zuletzt gesehen habe; die Frau antwortete, sie habe es natürlich zuletzt in ihrer Stube gesehen, wohin sie es aus dem Schlafzimmer gebracht, weil es in dem Schlafzimmer zu kalt für das arme Wurm gewesen sei, und die moderne Hygiene verlange, dass die Kinder warm liegen, weil sie sonst blutarm werden. Nun ließ sich Müller die Stube der Kinderfrau zeigen, sie lag neben dem Schlafzimmer der jungen Mutter; als die beiden die Tür öffneten, sahen sie einen grauen Regenmantel über das Bett der Frau geworfen. „Ach Gott, wie unordentlich!“ rief die Frau verwirrt, „was muss der Herr von mir denken, habe ich den Mantel vergessen aufzuhängen,“ und damit nahm sie den Mantel von dem Bett. Unter dem Mantel aber lag, zufrieden schlummernd, der Säugling. Er schien zu träumen, dass er trinke, denn er schmatzte behaglich mit den Lippen.

Georg Müller ist Junggeselle und versteht nicht mit kleinen Kindern umzugehen. Deshalb nahm er das Kind nicht selber, sondern bedeutete die Frau, es zu nehmen, die es denn mit verwirrtem Gesichtsausdruck aufhob und zu ihm sagte: „Haben dich die Zigeuner stehlen wollen, mein Goldkind! Die schwarzen Zigeuner! Haue, Haue müssen sie kriegen!“ Der Säugling erwachte, rieb sich die Augen, verzog das Gesicht und begann zu weinen.

Die beiden gingen in den Saal, wo die Gesellschaft versammelt war. Die unglückliche junge Mutter lag auf einem Ruhebett ohnmächtig, der junge Gatte und andere Freunde waren um sie beschäftigt. Aber wie das Schreien des Kindes erscholl, da schlug sie die Augen auf, stürzte auf die Frau zu, entriß ihr das Kind und drückte es an ihr Herz.

Die Freude der Mutter über ihr wiedergefundenes Kind ist natürlich nicht zu schildern. Wir berichten also nur, dass sich alle wieder beruhigten.

PSALM 23

Auf einer grünen Aue

Der HERR ist mein Hirte, mir wird nichts mangeln.
Er weidet mich auf einer grünen Aue und führet mich zum frischen Wasser.
Er erquicket meine Seele. Er führet mich auf rechter Straße um seines Namens willen.
Und ob ich schon wanderte im finstern Tal, fürchte ich kein Unglück; denn du bist bei mir, dein Stecken und Stab trösten mich.
Du bereitest vor mir einen Tisch im Angesicht meiner Feinde. Du salbest mein Haupt mit Öl und schenkest mir voll ein.
Gutes und Barmherzigkeit werden mir folgen mein Leben lang, und ich werde bleiben im Hause des HERRN immerdar.

THERESE VON LISIEUX, 1873–1897

Ob sie in den Himmel kommt?

Die kleine Therese fragte mich kürzlich, ob sie in den Himmel kommen werde. Ich antwortete, ja, wenn sie recht brav wäre. Sie entgegnete mir: „Ja, aber wenn ich nicht lieb bin, komme ich in die Hölle … ich weiß aber, was ich dann tue, ich fliege mit dir fort, denn du wärest ja im Himmel, wie könnte mich der Liebe Gott erwischen? … du würdest mich ja ganz fest in deinen Armen halten?" Ich las in ihren Augen, dass sie tatsächlich davon überzeugt war, der Liebe Gott könne ihr nichts anhaben, wenn sie in den Armen ihrer Mutter wäre …

KURT MARTI, *1921

kindertaufen

steilum
stauen
die unheile sich –

bricht
was da kommt
mit dammriss
und sturzflut
herein?

noch aber
noch taufen wir
dem gotte
der kind war
die kinder
scheu
ins gedächtnis

PAUL GERHARDT, 1607–1676

Breit aus die Flügel beide

Wo bist du, Sonne, blieben?
Die Nacht hat dich vertrieben,
Die Nacht, des Tages Feind;
Fahr hin! Ein ander Sonne,
Mein Jesus, meine Wonne,
Gar hell in meinem Herzen scheint.

Breit aus die Flügel beide,
O Jesu, meine Freude,
Und nimm dein Küchlein ein!
Will Satan mich verschlingen,
So lass die Englein singen:
Dies Kind soll unverletzet sein

LUDWIG TIECK, 1773–1853

Tod des Dichters

Der alte Neger, welcher hier gern gesehn war, weil er die Sprache der Portugiesen nur unbeholfen sprach, antwortete: „Was sagen? Was kann Mensch von Erde sagen, wenn Zungen von Metall sprechen tun? Rührt sich ein Geist im Erz, gut, begreiflich; wird das Metallding selber Zunge, spricht, schreit, wehklagt, wieder begreiflich, wenn's nur nicht Wort, Spruch, vernünftige Red von sich gibt: Baum nickt, Meerwoge schreit, Brandung schilt und flucht, und Luftgeister musizier oben in Pinien, Zeder und Zypreß. Spricht alles, weissagt, macht Betrachtlichkeit und will zu Vernunft hinausfahre. Kann ein Klock so hantier und ist eiserner Prophet, so braucht kein Mensch sich verwunder und schelte, dass meine Landsleut Furcht und Schreck vor alle Klock hab, und kein Moslem und Türk will solch Propheteneisen in seiner Stadt und Kirche leiden."

„Ungläubiger", fuhr ihn der Wirt zornig an, „lästere nicht unsre heilige Kirche, am wenigsten diese Wunderglocke!"

„Halt!" rief der Neger. „Mann von Wirthaus, reiß nicht dicke Augen auf gegen mir! Bin Christ, wenn auch kein alter, bin getauft als Antonio, fromm geworden, bekehrt, drauß auf Molukken. Und besser so getauft als wie die unverständigen Kind, die nichts davon begreife und nur greine und schnarre und um sich sprudele."

„Also", sagte ein Neugeworbener, „du bist mit Verstand getauft, du hast damals die Sache begriffen? Wie war dir, Gespenst, denn damals zumute?"

„Seht, Herr", antwortete der Neger, „konnte mir schon lang mit meine Götzenbilder nicht vertrage: Hatte das Kerl nicht ein Schnauz, als wenn er mir auffressen wollt, wenn ich ihm mein Reverenz macht. Hat mir auch nichts geholfe, wenn ich den Granzhans um was höflich ersucht hab, sitzt immer stumm und grob, als wenn das Tier von Holz war, war auch als Holz gebaut, konnte nit anders. Lang schon hatte ein fromm Christenpriester sich mein erbarmt und auf meine gläubige Seel herumgepredigt und hantiert; legte mir alles aus und gab meinem dummen Geist so rechten Stoß und Ruck in das Unbegreifliche, nein, dass ich's in Brust und Herz und Rippen fühlte. Nun tauft mir der Mann in seiner schönen Kirch, wie meine Lebensgeister darauf präpariert war. Ach! Ach wie das allerheiligst Wasser und Wort mir Gebein und Verstand naß macht, anrührt, durchdringt oder penetriert, seht, wertachtungswürdige Christenherren, da brummt, summt, flammt und grollt es mich so im Herzen, als wenn drei Bienenschwärme darin herumsuselten. Kam in mich Feuerbrand und Zorn, und wieder sanft, sanft, wie weiße Täublein durch blauen Morgenhimmel ziehn in erster Frühe, wenn Tau noch an Blumen weint. Fühlte, dass meine Seele neu war geworden, fühlte, wie gütige lieber Heiland mich in seine zarte Arme nahm und sagte: Arme schwarze Kreatur, Mensche habe dich geschlage und gefoltert und mit Füße getrete, bleib du bei mich, sieh mir in mein Auge, wenn du wieder traurig bist, will dir wie Kind, wie Bruder liebhabe, denn du hast nicht Eltern, nicht Schwester und Bruder. – Ja, meine Gönner, meine Eltern hatten mir ja selbst nach der Fremde hinaus für bißchen Geld verkauft. – So bin ich Christ und glücklich geworden, bin nicht weiß, nicht Portugiese, bin Bettler, schwarz Sklave, kann aber selig werden und bin's schon, wenn an schöne liebe Jesus denke."

„Ich wußte nicht, dass du so fromm warst, Jao", sagte der Wirt.

„Was ist fromm?" erwiderte der Neger. „Als in allerheiligster Taufe mir Wasser mein Gemüt rührte und umtrieb, da brudelten die großen Mühlenräder in mir und mahlten brausend und sausend das feine Getreid für meine ganze Lebenszeit; denn seitdem ist Schwung der Räder in mir still und arbeitet kein Getriebe mehr. Die Speise aber ist da für Winter und Sommer und soll, hoff ich, keine Darbung und Hungersnot einfallen. Wächst in mir still wie ein Lilienbaum die Pflanze von Glauben und gibt seinen Duft und weißen Glanz durch den ganzen Garten am stillen Abend. Und wenn mir mal Welt nicht gefallen will, ich überdrüssig, hinzuhinken und zu wackeln, so richte meine müden Augen auf meinen anmutiglichen Heiland, der als braver Mann sein Wort hält und halten wird."

ALBRECHT GOES, 1908–2000

Die Schritte

Klein ist, mein Kind, dein erster Schritt,
Klein wird dein letzter sein.
Den ersten gehn Vater und Mutter mit,
Den letzten gehst du allein.

Seis um ein Jahr, dann gehst du, Kind,
Viel Schritte unbewacht,
Wer weiß, was das dann für Schritte sind
Im Licht und in der Nacht?

Geh kühnen Schritt, tu tapfren Tritt,
Groß ist die Welt und dein.
Wir werden, mein Kind, nach dem letzten Schritt
Wieder beisammen sein.

HANNS-JOSEF ORTHEIL, *1951

Lo und Lu

Die Fragen, die ich mir stellen muss, sind sehr schwierige Fragen, fange ich langsam zu denken an, aber ich sollte über diesen schwierigen Fragen nicht schwer werden, sondern meinem Nachdenken eine gewisse Leichtigkeit und Frische zu erhalten versuchen.

Die Frage nach dem Glauben an Gott ist zunächst nämlich einmal etwas sehr Einfaches, weil Lo und Lu sie längst beantwortet haben. Sie können sich die Erde und den Himmel ohne ein großes, übergeordnetes Wesen, das all das erschaffen hat, gar nicht vorstellen. So wie sie noch an viele Zauber auf dieser Erde glauben, so glauben sie auch noch ganz selbstverständlich an Gott, von dem sie annehmen, dass er weit oben, in den fernsten Himmeln, lebt und auf seine Schöpfung herab blickt. „Gott" ist also so etwas wie ihre Zauberer-Idee für den Anfang und für das Ende, er ist der Name dessen, der immer schon vor ihnen da war und der da sein wird, wenn von uns Lebenden niemand noch die Erde bewohnt...

Ich kann Lo und Lu auf solche Fragen unmöglich mit Theorien kommen und ihnen etwas Abgebrühtes vom Nichts und dem Urknall erzählen, sie würden mir auch gar nicht glauben, es drängt sie im Moment ja auch sonst nur zu den Märchen und Zaubergeschichten und keineswegs zu trockenen Theorien.

Außerdem sollte ich mich an meine eigene Kindheit erinnern, denn auch ich habe doch ganz selbstverständlich damals an Gott geglaubt, der Glaube an Gott hatte sogar etwas sehr Beruhigendes, ich erinnere mich noch daran, wie einfach und beruhigend es zum Beispiel war, Gott von sich zu erzählen, davon, was einen bedrückte, wovor man Angst hatte und wie man sich die Lösung eines Problems mit Gottes Hilfe vorstellte. Solche Erzählungen und Dialoge waren die Grundlagen meiner kindlichen Gebete, und sie richteten sich immer wieder und einzig nur an den einen und großen Gott, kaum aber an Jesus Christus, seinen eingeborenen Sohn, unseren Herrn...

Mein kindlicher Glaube war, wenn ich es richtig betrachte, ein Glaube an Gott, den einen und unteilbaren, es war eine strenge und einfache Form des Monotheismus, in der es für

Jesus Christus, den Sohn, zunächst keinen Platz gab. Das „Vater unser im Himmel" war das erste längere Gebet, das ich lernte, und es entsprach bis in seine letzte Wendung hinein genau dem, was ich glaubte und mir selbst ausgedacht hätte, wenn ich so begabt gewesen wäre, mir so etwas auszudenken. Im „Vater unser" aber kam Jesus Christus nicht vor, er hatte mit diesem Gebet seine Jünger zwar beten gelehrt, sich dadurch aber selbst wie ein menschlicher Beter verhalten, der zu dem einen Gott betete, dessen Reich kommen möge, im Himmel wie auf Erden…

Fast war mir als Kind, denke ich weiter und zögere etwas, ob ich so etwas Ketzerisches wohl denken darf, fast war mir die Jungfrau Maria sogar näher als der eingeborene Sohn, denn neben Gott Vater musste es im Himmel ja unbedingt auch eine Frau geben, eine sehr schöne und gütige, eine Art Ingrid Bergman würde ich heute sagen, die neben dem Vater auf dem Thron sitzt oder auf ihrem eigenen Thron, wie war das noch, jetzt wird es unklar, denn genau jetzt verlasse ich das gesicherte kindliche Glaubensterrain, womit prompt die theologischen Haarspaltereien beginnen…

Gott Vater und Maria ergänzten sich also, der Glaube an sie war der kindliche Glaube an ein fernes, aber dennoch ansprechbares Paar, das zwar nicht verheiratet war, aber eben doch zusammengehörte… Das „Vater unser im Himmel" und das „Gegrüßet seist Du, Maria" waren also die Ur-Gebete der Kindheit, die im Grunde schon den ganzen magischen

Kinderglauben enthielten, mehr Text braucht es eigentlich nicht, der Kinderglaube ist vielmehr im Text dieser beiden Gebete vollkommen einleuchtend zusammengefasst…

Dass Gott ein Mensch geworden war, war schon sehr schwer zu begreifen, dass er es in der Gestalt eines Sohnes geworden war, noch viel schwerer, dass es daneben aber auch noch einen heiligen Geist und damit so etwas wie eine Dreifaltigkeit geben sollte, verstand außer Theologen kein Mensch mehr.

Als Kind habe ich mir notgedrungen denn auch nur eine Art Kurzfassung der ganzen komplizierten Geschichte zurecht gelegt. Gott hatte die Erde erschaffen, soviel war klar. Nachdem er sie erschaffen hatte, hatte er sich von ihr zurückgezogen, mit der Zeit jedoch bemerkt, wie böse die Menschen geworden waren und welchen Unsinn sie mit den irdischen Gaben anstellten. Um ihnen das richtige, geduldige und vor allem gewaltlose Leben noch einmal beispielhaft vorzuführen, schickte Gott seinen Sohn auf die Welt. Nachdem der den Menschen sein gutes Beispiel gegeben hatte, verschwand er wieder im Himmel, in den Gott dann auch jene Menschen aufnehmen würde, die dem guten Beispiel eines Sohnes zumindest in Ansätzen folgten.

An dieser gerafften Form von Theologie habe ich bis zu meiner Pubertät festgehalten, dann freilich gerieten auch diese Glaubenssätze ins Wanken, sie waren einfach schwer zugänglich und bedurften einer gewissen großzügigen Phantasie, auf die man als Jugendlicher allmählich zu verzichten begann. Meine Kirchenbesuche sind seltener und schließlich ganz selten geworden, und am Ende habe ich Kirchen wohl nur noch aus nostalgischen Gründen aufgesucht, denn sie erinnerten mich mit all ihrem Dunkel und ihren Weihrauchdüften ja durchaus noch an etwas Schönes, an die frühesten Kindertage nämlich, zu deren Glück ein stabiler Kinderglaube beigetragen hatte…

Was aber ist am Ende aus diesem Kinderglauben geworden, habe ich ihn als Erwachsener etwa ganz verloren und gegen was habe ich ihn denn eingetauscht?

Jetzt wird es ernst, denke ich bei dieser Frage mit einem gewissen Erschrecken und stehe auch gleich auf, als wollte ich dem Ernst ausweichen oder zumindest eine kurze Auszeit vor ihm nehmen. Manchmal kommt es mir so vor, denke ich aber schon weiter, als hätte ich den magischen Kinderglauben in Wahrheit gar nicht verloren, sondern nur für einige Zeit in mir versteckt, jedenfalls habe ich doch nie angenommen, es gebe gar keinen Gott, nein, das nicht. Eher könnte man sagen, dass ich aufgehört habe, an Gott zu denken und mich bei jeder Gelegenheit an ihn zu wenden, obwohl, so ganz stimmt das nicht, denn manchmal brach immer wieder etwas in mir auf und dann habe ich eben doch, aber heimlich, an Gott gedacht und mich an ihn gewendet…

Im Grunde habe ich also mein Leben lang an Gott geglaubt, sage ich plötzlich zu mir und schaue mich um, als hätte ich versehentlich laut gesprochen, ich spreche aber nicht laut, es kommt mir nur so vor, weil ich aufgeregt bin und nicht recht fasse, wozu ich mich eben durchgedacht habe...

Ich lasse mich taufen, denke ich da und streiche diesen Gedanken zunächst kurz, doch er lässt sich nicht so einfach vertreiben. Wir lassen Lu taufen, korrigiere ich mich, Lu sollte getauft werden, wir haben es bereits mehrmals aus den verschiedensten Gründen verschoben... Lu aber ist noch immer nicht richtig getauft, wahrscheinlich liegt es daran, dass ich mir in bezug auf den Glauben einfach nicht sicher genug war, innerlich nagte und bohrte es dunkel in mir, und so brachten wir es einfach nicht zu einem Anlauf, Lu taufen zu lassen.

...Einmal taufen, würde ich nun am liebsten dem Köbes zurufen, lehne mich dann aber etwas zurück, um die Rückenlehne des Stuhles als festen Halt deutlich zu spüren. Die schwierigsten Fragen habe ich durch gründlichstes Nachdenken gelöst, denke ich. Festzuhalten bleibt, dass ich auf eine stabile Kurzfassung der Geschichte von Gott Vater und Gott Sohn zurückgreifen kann, den heiligen Geist lasse ich vorerst einmal beiseite. Mit dieser Kurzfassung werde ich Lo und Lu gegenüber aufwarten, sie erklärt einigermaßen, warum Gottes Sohn auf die Welt kommen musste und warum es sich lohnen könnte, ihm dorthin zu folgen...

Vor allem aber sollte ich mich auf die Reste meines eigenen Glaubens verlassen, denn wie sollte ich Lo und Lu die überzeugende Kurzfassung des Glaubens nahebringen, ohne selbst daran zu glauben? Als eine schöne Erzählung darf ich ihnen diese Fassung jedenfalls nicht vorkommen, denke ich, sonst würden Lo und Lu ja bemerken, dass ich es selbst nicht ernst meine, wodurch der Glaube erschüttert wäre und dessen in den Kinderjahren so beruhigende und stärkende Wirkung dahin wäre. Nein, damit Lo und Lu glauben, was ich sage, muss ich selbst glauben, und ich glaube ja schließlich, ja doch, minutiös habe ich mir in den vergangenen Stunden vorgeführt, dass und wie ich glaube und ab jetzt werde ich es auch laut tun und dazu stehen, so soll es sein, Credo, Alleluja und Amen.

Nun fühle ich mich fast so wie als Kind wenige Minuten nach einer Maiandacht, denke ich und dieses gute Gefühl werde ich jetzt auch nicht weiter zerdenken, auf gar keinen Fall. Ich werde noch einmal hinübergehen in den Dom und mich in die Sakramentskapelle, die auch die Taufkapelle ist, setzen und dann werde ich in Gedanken die Einzelheiten der Taufe durchgehen, von der Taufkerze bis zum großen Ecksaal und der Gemeinschaft der Heiligen, Moment, nein, der Gemeinschaft der Feiernden.

FULBERT STEFFENSKY, *1933

Der wundervolle Tanz

Wo das Christentum verblasst ist, kennt man noch das Fest der Namensgebung eines Kindes. Ja, so könnte man die Taufe nennen: das Fest der Namensgebung! Es gibt zwei Arten von Namen, den Indianernamen und den Taufnamen. Den Indianernamen bekomme ich, wenn ich mich namhaft gemacht habe. Wenn ich also scharf spähen gelernt habe, nennt man mich Adlerauge.

Wenn ich schnell laufen gelernt habe, nennt man mich springender Hirsch. Der Indianername ist ein schöner Name, weil er die Stärken des Menschen ehrt. Aber wehe, wenn es nur ihn gibt! Wehe, wenn man nur erkannt wird, wenn man sich selber kenntlich gemacht hat! Wehe, wenn man nur angesehen wird, wenn man sich selber ansehnlich gemacht hat! In einer solchen Gesellschaft könnte man nicht Kind sein, nicht alter Mensch, nicht Kranker, nicht Behinderter und nicht Sterbender.

Das Schönste, was uns das Christentum lehrt, ist die Überzeugung, dass wir nicht sind, weil wir uns verdient haben. Wir sind, weil wir schon vor aller eigenen Liebenswürdigkeit geliebt sind. Unser Name ist schon in die Hand Gottes geschrieben, ehe wir uns namhaft gemacht haben. Die Taufe ist der wundervolle Tanz und die heitere Inszenierung dieser Grundüberzeugung des Christentums. Ehe wir schön sind, findet uns jemand schön. Ehe wir uns den Indianernamen verdient haben, sind wir mit dem Namen der Liebe gerufen. Wer wollte die Taufe, wer wollte dieses Liebesspiel einem Kind vorenthalten? Wer wollte so unüberlegt rationalistisch argumentieren: erst muss ein Kind entscheidungsfähig sein, ehe wir es taufen. Nein, wir werden geliebt, ehe wir entscheidungsfähig für diese Liebe sind. Wir taufen unsere Kinder nicht in Zwangssysteme von Kirche und Glauben. Wir taufen sie in die große Freiheit der Güte, von der aus sie erst fähig werden, ihre Wege zu gehen.

HANNS KÖBLER, *1930

Ich möcht', dass einer mit mir geht

Ich möcht', dass einer mit mir geht,
der's Leben kennt, der mich versteht,
der mich zu allen Zeiten kann geleiten.
Ich möcht', dass einer mit mir geht.

Ich wart', dass einer mit mir geht,
der auch im Schweren zu mir steht,
der in den dunklen Stunden mir verbunden.
Ich wart', dass einer mit mir geht.

Es heißt, dass einer mit mir geht,
der's Leben kennt, der mich versteht,
der mich zu allen Zeiten kann geleiten.
Es heißt, dass einer mit mir geht.

Sie nennen ihn den Herren Christ,
der durch den Tod gegangen ist;
er will durch Leid und Freuden mich geleiten.
Ich möcht', dass er auch mit mir geht.

Anmerkungen und Textnachweise

aufgehoben fühlen – staunen und danken

WILHELM HEY

WH: Evangelisches Gesangbuch, Lied Nr. 511

BASILIUS VON CÄSEREA

BvC: Ermahnungen zur Heiligen Taufe. (Migne, PG. XXXI, 424–444) In: Ausgewählte Predigten. Des heiligen Kirchenlehrers Basilius des Grossen ausgewählte Schriften/aus dem Griechischen übers. (Des heiligen Kirchenlehrers Basilius des Grossen ausgewählte Schriften Bd. 2; Bibliothek der Kirchenväter, 1. Reihe, Band 47) Kempten; München: J. Kösel: F. Pustet, 1925, S. 302

RUDOLF PRESBER

RP: In: Der ewige Brunnen. Ein Hausbuch deutscher Dichtung. Gesammelt und herausgegeben von Ludwig Reimers. München 1995, S. 17 f.

PSALM 139

Psalm Davids

THOMAS MANN

TM: Auszug aus: Thomas Mann, Die Buddenbrooks.

JESAJA

Der Prophet Jesaja 43,1

KURT MARTI

KM: geburt, aus: Kurt Marti, geduld und revolte. gedichte am rand. © 2002 Radius-Verlag, Alexanderstr. 162, 70180 Stuttgart

GERHARD EBELING

GE: Dogmatik des christlichen Glaubens, Band III. 3. Auflage, Tübingen 1993, S. 152. © Mohr Siebeck GmbH & Co. KG

MARTIN LUTHER

ML: Luthers Tischreden. Zusammengestellt von Jürgen Henkys und mit einem Essay von Walter Jens. 2. Auflage, Leipzig 2003, S. 74 f.

THOMAS VON KEMPEN

TvK: Das Buch von der Nachfolge Christi. Übersetzt von Johann Michael Sailer. Völlig neu bearbeitet von Hubert Schiel. Freiburg 1999, S. 220

MATTHIAS CLAUDIUS

MC: gottlob, dass du da bist

LUDWIG HELMBOLD

LH: Evangelisches Gesangbuch, Lied Nr. 320

MARTIN LUTHER

ML: Martin Luther, Von der Babylonischen Gefangenschaft der Kirche. In: Die Werke Martin Luthers, Band 2: Martin Luther. Der Reformator. 2., durchgesehene Auflage, herausgegeben v. Kurt Aland 1981

KARL BARTH

KB: Karl Barth, Das Christliche Leben (Fragment). Die Taufe als Begründung des christlichen Lebens. Die Kirchliche Dogmatik. Vierter Band, vierter Teil. Zürich 1967. © Theologischer Verlag Zürich

FRIEDRICH CHRISTIAN DELIUS

FCD: Auszug aus: „Bildnis der Mutter als junge Frau“, S. 120–122. © 2006 by Rowohlt Verlag GmbH, Reinbek bei Hamburg

ÖKUMENISCHER RAT DER KIRCHEN

Gemeinsam den einen Glauben bekennen. Eine ökumenische Auslegung des apostolischen Glaubens, wie er im Glaubensbekenntnis von Nizäa-Konstantinopel (381) bekannt wird. Studiendokument der Kommission für Glauben und Kirchenverfassung. 2. Aufl., Frankfurt 1993, S. 250

EPHESER

Der Brief des Paulus an die Epheser 4,4–5

JOHANN JAKOB RAMBACH

JJR: Evangelisches Gesangbuch, Lied Nr. 200

genügen? – zweifeln und feiern

HANNS DIETER HÜSCH

HDH: „Psalm“ aus: Hanns Dieter Hüsch/ Uwe Seidel, Ich stehe unter Gottes

Schutz, S. 140. © tvd-Verlag, Düsseldorf 1996

OLAF TRENN

OT: Jahrgang 1963, ist Pfarrer der Evangelischen Kirche Berlin-Brandenburg-schlesische Oberlausitz und begleitet werdende Pfarrerinnen und Pfarrer in ihrer Ausbildung. Er dichtet, textet und lässt wunderbare Lieder entstehen.

JOHANN GOTTFRIED HERDER

JH: In: Der ewige Brunnen. Ein Hausbuch deutscher Dichtung. Gesammelt und herausgegeben von Ludwig Reimers. München 1995, S. 947

DIETRICH BONHOEFFER

DB: Gedanken zum Tauftag von Dietrich Wilhelm Rüdiger Bethge. In: Dietrich Bonhoeffer, Widerstand und Ergebung. © 1998, Gütersloher Verlagshaus, Gütersloh, in der Verlagsgruppe Random House GmbH

JOHANN ARND

JA: Sechs Bücher vom wahren Christenthum, nebst dessen Paradies-Gärtlein. Stuttgart, S. 722

LOTHAR ZENETTI

LZ: Lothar Zenetti, Texte der Zuversicht, München, 4. Aufl. 1979, S. 229

AURELIUS AUGUSTINUS

AA: Des heiligen Kirchenvaters Aurelius Augustinus Bekenntinsse. Aus dem Lateinischen übersetzt von Dr. Alfred Hofmann. (Bibliothek der Kirchenväter, 1. Reihe, Band 18; Augustinus Band VII) München 1914, 1,11

HERMANN BOTE

HB: Till Eulenspiegel: Vollständige Ausgabe des Textes von Hermann Bote. Herausgegeben von Siegfried Sichtermann. 2. Auflage, Frankfurt 1981, S. 29 f.

MARTIN LUTHER

ML: Der Kleine Katechismus. In: Evangelische Bekenntnisse. Bekenntnisschriften der Reformation und neuere Theologische Erklärungen. Im Auftrag der Union Evangelischer Kirchen in der Evangelischen Kirche in Deutschland, herausgegeben von Rudolf Mau. Teilband II. Bielefeld 2. Auflage 2008, S. 25–27

TERTULLIAN

T: Über die Taufe. In: Tertullian, private und katechetische Schriften. Aus dem Lateinischen übersetzt von Dr. K. A. Heinrich Kellner. (Bibliothek der Kirchenväter, 1. Reihe, Band 7) München 1912, S. 275–278

PSALM 8

Psalm Davids

FJODR MICHAIL DOSTOJEWSKI

FMD: Die Gebrüder Karamasow, Drittes Buch, Kapitel 7. Abrufbar unter: http://gutenberg.spiegel.de

EDMUND SCHLINK

ES: Die Lehre von der Taufe. Johannes-Stauda-Verlag, Kassel 1969, S. 43

PSALM 103

Psalm Davids

gelassen leben – bitten und wachsen

KURT TUCHOLSKY

KT: Aus: Lerne lachen ohne zu weinen, Berlin 1932, S. 7

FRIEDRICH KARL BARTH/ PETER HORST

FKB/PH: Evangelisches Gesangbuch, Ausgabe Bayern/Thüringen, Lied Nr. 576, Text: Friedrich Karl Barth/Peter Horst. © Strube Verlag München-Berlin

RAINER MARIA RILKE

RMR: In: Der ewige Brunnen. Ein Hausbuch deutscher Dichtung. Gesammelt und heraugegeben von Ludwig Reimers. München 1995, S. 942

JOHANNES VOM KREUZ

JvK: Lebendige Liebesflamme. Aus dem Spanischen übersetzt von P. Aloysius ab Immac. Conc., Herder 1999, S. 14

BASILIUS VON CÄSEREA

BvC: Ermahnungen zur Heiligen Taufe. (Migne, PG. XXXI, 424–444) In: Ausgewählte Predigten. Des heiligen Kirchenlehrers Basilius des Grossen ausgewählte Schriften/aus dem Griechischen übers. (Des heiligen Kirchenlehrers Basilius des Grossen, ausgewählte Schriften Bd. 2; Bibliothek der Kirchenväter, 1. Reihe, Band 47) Kempten; München: J. Kösel: F. Pustet, 1925, S. 312 f.

FRIEDRICH RÜCKERT

FR: In: Der ewige Brunnen. Ein Hausbuch deutscher Dichtung. Gesammelt und herausgegeben von Ludwig Reimers. München 1995, S. 982

PSALM 91

PAUL ERNST

PE: Die Taufe. In: Paul Ernst. Gesammelte Werke, Band 7, herausgegeben von Georg Müller. Abrufbar unter: http://gutenberg.spiegel.de

PSALM 139

Psalm Davids

THERESE VON LISIEUX

TL: Therese von Lisieux, Selbstbiographie, Einsiedeln, 11. Aufl., 1988, S. 13

KURT MARTI

KM: kindertaufen, aus: Kurt Marti, geduld und revolte. gedichte am rand. © 2002 Radius-Verlag, Alexanderstr. 162, 70180 Stuttgart

PAUL GERHARDT

PG: Evangelisches Gesangbuch, Lied Nr. 477

LUDWIG TIECK

LT: Tod des Dichters. Abrufbar unter: http://gutenberg.spiegel.de

ALBRECHT GOES

AG: Die Schritte. Aus: ders., Gedichte. © S. Fischer Verlag GmbH, Frankfurt am Main 2008

HANNS-JOSEF ORTHEIL

HJO: Auszug aus: Hanns-Josef Ortheil, Lo und Lu. Roman eines Vaters, S. 173–183. © 2001, Luchterhand Literaturverlag, München, in der Verlagsgruppe Random House GmbH

FULBERT STEFFENSKY

FS: Der wundervolle Tanz

HANNS KÖBLER

HK: Evangelisches Gesangbuch, Lied Nr. 209, Text: Hanns Köbler. © Gustav Bosse Verlag, Kassel